Zertifikat Deutsch
Der schnelle Weg

Das Programm für die Prüfungsvorbereitung

von Cornelia Gick
unter Mitarbeit von Reiner Schmidt

Langenscheidt

Berlin · München · Wien · Zürich · New York

Visuelles Konzept: Theo Scherling
Umschlaggestaltung: Viktoria Vogel (Typodata)
Redaktion: Sabine Wenkums

Zertifikat Deutsch – Der schnelle Weg berücksichtigt die Änderungen, die sich aus der Rechtschreibreform von 1996 ergeben.

Umwelthinweis: Gedruckt auf chlorfrei gebleichtem Papier

Druck:	5.	4.	3.	2.		Letzte Zahl
	2004	2003	2002	2001	2000	maßgeblich

© 2000 Langenscheidt KG, Berlin und München

Druck: Druckhaus Langenscheidt, Berlin
Printed in Germany ISBN 3-468-49517-X

Inhaltsverzeichnis

Vorwort für Lehrende und Lernende 4

Übungen zur Schriftlichen Prüfung

1 Leseverstehen
- Hinweise 10
- Teil 1: Globalverstehen, Test 1–3 11
- Teil 2: Detailverstehen, Test 1–3 14
- Teil 3: Selektives Verstehen, Test 1–3 17

2 Sprachbausteine
- Hinweise 20
- Teil 1: Grammatik, Test 1–5 21
- Teil 2: Wortschatz, Test 1–5 23

3 Hörverstehen
- Hinweise 26
- Teil 1: Globalverstehen, Test 1–3 27
- Teil 2: Detailverstehen, Test 1–3 28
- Teil 3: Selektives Verstehen, Test 1–3 29

4 Schriftlicher Ausdruck
- Hinweise 30
- Brief, Test 1–6 31

Übungen zur Mündlichen Prüfung

■ Mündlicher Ausdruck
- Hinweise Einzelprüfung/Paarprüfung 34
- Teil 1: Kontaktaufnahme, Test 1–4 35
- Teil 2: Gespräch über ein Thema, Test 1–4 36
- Teil 3: Gemeinsam eine Aufgabe lösen, Test 1–3 40
- Hinweise Einzelprüfung 41

Wiederholung

Grammatik
- Satzbausteine und Satzmuster 42
- Hauptsatz und Satzklammer 45
- Nebensatz und Nebensatzklammer 47
- Konjugation 48
- Deklination 49
- Wortklassen: Präpositionen 50

Wortschatz D-A-CH
- Hinweise 52
- Österreich 53
- Schweiz 55
- Drei Länder, drei Wörter, eine Bedeutung 57
- Drei Länder, ein Wort, verschiedene Bedeutung 57

Probetest „Zertifikat Deutsch"

1 Leseverstehen
- Teil 1: Globalverstehen 58
- Teil 2: Detailverstehen 59
- Teil 3: Selektives Verstehen 60

2 Sprachbausteine
- Teil 1: Grammatik 61
- Teil 2: Wortschatz 61

3 Hörverstehen
- Globalverstehen, Detailverstehen, Selektives Verstehen 62

4 Schriftlicher Ausdruck
- Brief 63

■ Mündlicher Ausdruck
- Kontaktaufnahme, Gespräch über ein Thema, Gemeinsam eine Aufgabe lösen 64

Anhang

Lösungsschlüssel
- Übungen 66
- Wiederholung 66
- Probetest 68

Bewertung
- Schriftlicher Ausdruck 69
- Mündlicher Ausdruck 70

Transkripte der Hörtexte
- Übungen 71
- Probetest 77

Adressenliste der prüfungsabnehmenden Institutionen 79

Quellenverzeichnis für Texte und Abbildungen 79

Vorwort für Lehrende

Mit Langenscheidt zum neuen *Zertifikat Deutsch*

Die Revision der Europäischen Sprachenzertifikate, zu denen auch das *Zertifikat Deutsch* gehört, trägt den veränderten Bedürfnissen und Anforderungen Rechnung. Die Veränderungen sind überschaubar und sinnvoll. Themen und Lernziele werden aufgegriffen, die in der didaktischen und methodischen Diskussion seit längerem eine Rolle spielen und z.T. bereits in neuere Lehrmaterialien Eingang gefunden haben. Wer mit Materialien aus der Zeit vor der Revision des Zertifikats arbeitet, kann mit Hilfe gezielter Informationen und zusätzlicher Hilfsmittel auf das neue *Zertifikat Deutsch* vorbereiten.

Bei der Revision des *Zertifikats Deutsch als Fremdsprache* (jetzt *Zertifikat Deutsch*) haben Fachleute aus Österreich, der Schweiz und der Bundesrepublik Deutschland zusammengearbeitet. Für die Schweiz war das Institut für deutsche Sprache der Universität Fribourg/Freiburg[1] mit der Revisionsarbeit beauftragt. Die Autorin dieses Buches, Cornelia Gick, ist seit langem auf Testen und Selbstevaluation im Fremdsprachenunterricht spezialisiert. Sie arbeitet als Lektorin an der Universität Fribourg und hat die Revision des Zertifikats aufmerksam und aus nächster Nähe verfolgt. Sie gibt Ihnen mit diesem Trainingsbuch die Informationen und Hilfsmittel an die Hand, die Ihnen und Ihren Lernenden bei der Vorbereitung auf das neue *Zertifikat Deutsch* Sicherheit verleihen.

Was wurde bei der Revision des Zertifikats verändert?

1. Veränderte Lernziele

Kommunikative Aufgaben: „Tasks"

Das neue Zertifikat Deutsch überprüft die kommunikative Kompetenz des Kandidaten / der Kandidatin. Wer das Zertifikat erfolgreich ablegt, dessen Sprachkompetenz kann wie folgt beschrieben werden: Er/Sie

> ... kann auf Deutsch die Hauptpunkte verstehen, wenn klare Standardsprache verwendet wird und wenn es um vertraute Dinge aus Arbeit, Schule, Freizeit usw. geht. Kann die meisten Situationen auf Deutsch bewältigen, denen er/sie auf Reisen im Sprachgebiet begegnet. Kann sich einfach und zusammenhängend über vertraute Themen und persönliche Interessengebiete äußern. Kann über Erfahrungen und Ereignisse berichten, Träume, Hoffnungen und Ziele beschreiben und zu Plänen und Ansichten kurze Begründungen oder Erklärungen geben.[2]

Die Niveaubeschreibung ist an sich nicht neu. Neu ist aber die Art und Weise, wie diese Sprachkompetenz in der Zertifikatsprüfung überprüft wird, denn um festzustellen, ob der Kandidat oder die Kandidatin Situationen auf Deutsch bewältigen kann, muss er/sie in der Prüfung mit möglichen Situationen konfrontiert werden.

Zentrales Stichwort dabei ist der Begriff „Task", annähernd übersetzt mit „kommunikative Aufgabe". Die kommunikative Aufgabe gibt einen Handlungsrahmen vor. Um eine kommunikative Aufgabe zu lösen, muss der Kandidat / die Kandidatin verschiedene Handlungen ausführen, d.h. er/sie muss nicht nur über die passenden Redemittel, den entsprechenden themenbezogenen Wortschatz und die nötigen grammatikalischen Mittel verfügen, sondern darüber hinaus in der Lage sein, all dies zusammen mit kontext- und adressatengerechten Strategien einzusetzen.

Bei den Prüfungsaufgaben spiegelt sich diese Taskorientierung vor allem in der Angabe des Handlungsrahmens wider. Dieser lautet beispielsweise beim Leseverstehen, Teil 3: „Sie möchten mit der ganzen Familie einen Ausflug in die Berge machen." Der Kandidat / Die Kandidatin muss nun die entsprechende Anzeige finden. Um diese Aufgabe erfolgreich und innerhalb des vorgegebenen Zeitrahmens zu lösen, ist es nötig, eine selektive Lesestrategie anzuwenden. Ähnliche Vorgaben des Handlungsrahmens gibt es in der schriftlichen Prüfung beim Hörverstehen, beim Schreiben und teilweise bei den Sprachbausteinen, wo zur Skizzierung des Handlungsrahmens ein Brief oder eine Anzeige vorgegeben wird. Am klarsten ist der Handlungsrahmen in den Aufgaben der mündlichen Prüfung.

---

[1] Ab 1.10.1999: Lern- und Forschungszentrum Fremdsprachen (LeFoZeF), Bereich Deutsch als Fremdsprache
[2] Nach der Definition für B1 Threshold level, Europäisches Sprachenportfolio – Portfolio européen des langues – Portfolio europeo delle lingue – European Language Portfolio, Schweizer Version (1999). Hrsg. Schweizerische Konferenz der kantonalen Erziehungsdirektoren – EDK, Bern.

Szenarien

Ein weiterer zentraler Begriff, der neu in die Zertifikatsdiskussion eingegangen ist, ist der der Szenarien.

Die kommunikativen Aufgaben für die produktiven Fertigkeiten Schreiben und Sprechen lösen Abfolgen kommunikativer Handlungen aus, die durch einen gewussten sozialen Sinn zusammengehalten werden. Diese Abfolgen kommunikativer Handlungen werden als Szenarien bezeichnet. Sie sind kulturell und gesellschaftlich gebunden. Der Kandidat / Die Kandidatin muss neben den passenden Redemitteln die angemessenen Kommunikationsstrategien einsetzen können und sein/ihr kulturelles und soziales Wissen einbringen, um im kommunikativen Handeln erfolgreich zu sein.

Wenn jemand einen anderen erfolgreich um einen Gefallen bitten möchte, sich z. B. ein Fahrrad für eine Fahrradtour ausleihen möchte, so reicht es normalerweise nicht aus, die Bitte in einem Satz zu formulieren. Die Sprechhandlung ist komplexer, hat einen, je nach Nähe und Distanz der beiden Gesprächspartner, unterschiedlichen Ablauf. Bevor die eigentliche Frage gestellt werden kann, bedarf es einer thematischen Einleitung, einer langsamen Annäherung an die eigentliche Bitte. Sie sollte möglichst höflich vorgetragen werden. Entsprechend werden Konjunktivgebrauch, eine indirekte Frage und die Verwendung von Abtönungspartikeln zu diesem Szenarium gehören.

Die Zahl solcher Szenarien in der alltäglichen Kommunikation ist groß. Im Zertifikat können die folgenden 13 Szenarien in den kommunikativen Aufgaben beim Sprechen und Schreiben enthalten sein:

Das Verhalten anderer beeinflussen	Soziale Kontakte	Austausch von Informationen	Austausch von Meinungen
A um einen Gefallen bitten	G „Small talk" / Alltagsgespräche	I etwas erklären / Auskunft geben	L Konsensfindung
B sich beschweren	H „Language-in-Action" / handlungsbegleitendes Sprechen	J erzählen/berichten	M Diskussion
C jemanden überreden		K jemanden um Informationen bitten	
D Dienstleistungsgespräche			
E jemanden um Rat bitten / Rat geben			
F jemanden einladen			

2. Inhaltliche Veränderungen

Den veränderten Bedürfnissen der Absolventen von Fremdsprachenzertifikaten entsprechend gibt es im neuen Zertifikat auch eine neue Gewichtung der sprachlichen Handlungsfelder (Domains):

- privater Bereich
- öffentlicher Bereich
- Arbeitsplatz
- Bildungsinstitutionen

Zentral bleiben weiterhin der private und der öffentliche Bereich und damit die Fähigkeit zur Behauptung in Alltagssituationen. Eher touristische Sprachverwendungssituationen treten demgegenüber zurück und der Arbeitsbereich wird aufgewertet. Dabei geht es jedoch nicht um berufsspezifische Fachsprache, sondern vielmehr um die alltägliche Kommunikation am Arbeitsplatz: einfache Gespräche, Schreiben einer E-Mail, Hören kurzer Anweisungen am Telefon, Lesen von Stellenbeschreibungen u.a.
Leichte Akzentverschiebungen in der Themenliste und folglich im Wortschatz des revidierten Zertifikats Deutsch sind die Folge.

Vorwort für Lehrende

Themenliste des Zertifikats Deutsch im Überblick

1	Person
2	Menschlicher Körper / Gesundheit / Körperpflege
3	Wohnen
4	Orte
5	Tägliches Leben
6	Essen und Trinken
7	Erziehung / Ausbildung / Lernen
8	Arbeit und Beruf
9	Geschäfte / Handel / Konsum
10	Dienstleistungen
11	Natur und Umwelt
12	Reisen und Verkehr
13	Freizeit und Unterhaltung
14	Medien und moderne Informationstechniken
15	Gesellschaft / Staat / Internationale Organisationen
16	Beziehungen zu anderen Menschen und Kulturen

In den meisten neueren Lehrwerken werden die Lernenden bereits mit Themen aus der Arbeitswelt konfrontiert. Für das Bestehen der Zertifikatsprüfung selbst fällt dieser Aspekt jedoch kaum ins Gewicht.

Plurizentrik

Ein Ziel des „Zertifikats Deutsch" ist es, den Lernenden und Prüfungsinteressierten in aller Welt die Vielfalt der deutschen Sprache näher zu bringen, um so den gesamten deutschsprachigen Raum mit einzubeziehen. Das bedeutet eine Ausweitung der bisherigen Praxis, in der nur eine Erscheinungsform der deutschen Sprache, nämlich der Sprachgebrauch in Deutschland, die Grundlage für die Vermittlung der deutschen Sprache und daher für die Auswahl von Texten und bei Hörtexten von Sprechern war.[3]

Die Texte, die Sie in der Zertifikatsprüfung lesen oder hören, können also in Zukunft nicht nur aus Deutschland kommen, sondern auch aus Österreich und der Schweiz. Das ist neu, und in vielen Lehrbüchern gibt es keine oder nur wenige Beispiele dafür. Diese Texte unterscheiden sich immer im Akzent und in den landeskundlichen Bezügen, gelegentlich im Wortschatz.

Regionale Färbungen, unterschiedliche Akzente gehören zum sprachlichen Alltag. Es klingt unterschiedlich, wenn ein Hamburger, ein Kölner, ein Berliner, ein Sachse, ein Bayer, ein Österreicher oder ein Schweizer Hochdeutsch reden. Darauf sollten Lernende vorbereitet werden. Es muss hier betont werden: Es geht nicht darum, Dialekte zu verstehen, sondern Deutsch als plurizentrische Sprache ernst zu nehmen. Bislang berücksichtigen das nur wenige Lehrbücher. (Verwiesen werden kann hier auf „Moment mal!" und auf das Wortschatztrainingsprogramm „Memo". Beide sind von einem deutsch-österreichisch-schweizerischen Autorenteam ausgearbeitet worden und berücksichtigen die plurizentrische Vielfalt der deutschen Sprache in allen Bereichen, ohne diesen Aspekt zu übertreiben.) Bei den meisten Lehrwerken muss dieser Aspekt gerade im Hinblick auf die Zertifikatsprüfung jedoch ergänzt werden, denn die Lernenden sollten darauf vorbereitet sein. Wie unterschiedlich die Menschen klingen, das können Sie bei den Texten des Probetests zu Teil 1 des Hörverstehens hören. Eine Sprecherin ist Österreicherin, zwei Sprecher kommen aus der Schweiz. Weiterhin können die Lernenden durch Einbeziehung authentischer Hör- und Lesetexte aus österreichischen und Schweizer Medien in den Unterricht vorbereitet werden.

Bei der Arbeit mit authentischen Texten werden die Lernenden auch auf landeskundliche Unterschiede aufmerksam, die ihre Begründung in den unterschiedlichen politischen Systemen haben. In Deutschland sagt man zu der Schule, die Kinder ab 6 Jahren besuchen, „Grundschule", in der Schweiz heißt der gleiche Schultyp „Primarschule" und in Österreich spricht man von der „Volksschule". Im Kontext können diese Wörter fast immer problemlos verstanden werden.

---

[3] Zertifikat Deutsch, Lernziele und Testformat. © 1999 Weiterbildungs-Testsysteme GmbH, Frankfurt am Main, S. 24

Das neue Zertifikat berücksichtigt in der Wortliste etwa je 80 Wortschatzvarianten Österreichs und der Schweiz. In diese Liste aufgenommen wurden typische Wörter der österreichischen und Schweizer Standardsprache. Um Missverständnissen vorzubeugen: Es geht nicht um dialektale Varianten, die wesentlich facettenreicher sind, sondern um häufig gebrauchte, zum Standard gehörende Varianten. Einige dieser Wörter werden als Variante kaum wahrgenommen (z.B. *anschauen/ansehen*), andere Wörter lassen sich problemlos aus dem Kontext oder aber vom bundesdeutschen Wort ableiten (z.B. *Telefonwertkarte/Telefonkarte*). Einzelne Wörter haben in Österreich oder in der Schweiz eine andere Bedeutung (z.B. *der Kasten, die Kleider, die Pfanne*) oder erscheinen aus bundesdeutscher Sicht so exotisch, dass sie gesondert gelernt werden müssen (z.B. *der Paradeiser*). Die Lernenden sollten sich solcher Wortschatzvarianten bewusst sein und sie verstehen, sie jedoch nicht aktiv gebrauchen, es sei denn, sie leben in Österreich oder in der Schweiz. Lehrende und Prüfende sollten solche Varianten den Lernenden nicht als falsch anstreichen.

In diesem Trainingsbuch finden Sie auf Seite 52–57 rezeptive Aufgaben zu einer Vielzahl der in den Wortschatzlisten des Zertifikats enthaltenen Besonderheiten.

3. Prüfungsformen

Texte und kommunikative Aufgaben sind in der schriftlichen Prüfung immer gleich, egal wo die Prüfung abgelegt wird. Jede Institution hat jedoch ihr spezielles Verfahren, um die Ergebnisse auszuwerten. Das bedingt leichte Variationen in der Formulierung der Aufgabe und der Angabe der Lösung. Während bei den Prüfungszentren der Goethe-Institute die richtige Lösung auf dem Antwortbogen angekreuzt oder zwischen „richtig" („R") und „falsch" („F") unterschieden wird, wird bei den Volkshochschulen die passende Lösung durch einen Strich markiert oder mit „+" oder „–" angegeben. Kandidatinnen und Kandidaten, die ihre Prüfung beim Österreichischen Sprachdiplom (ÖSD) ablegen, notieren hingegen die passende Lösung. Es empfiehlt sich, vor der Prüfung eine aktuelle Modellprüfung der Prüfungsinstitution anzufordern, an der die Prüfung voraussichtlich abgelegt werden soll (eine Adressenliste finden Sie auf S. 79).

Wie schon bei der schriftlichen Prüfung zeigt auch die Anlage der mündlichen Prüfung das Bemühen, die geprüfte Kommunikation im Inhalt und in der Form einer authentischen Kommunikation anzunähern. Die drei kommunikativen Aufgaben (Teil 1, Kontaktaufnahme: sich vorstellen / einander kennen lernen; Teil 2, Gespräch über ein Thema: Informationen geben/austauschen; Teil 3: Gemeinsam eine Aufgabe lösen) geben jeweils den Handlungsrahmen vor, innerhalb dessen der Kandidat / die Kandidatin ein Ziel sprachlich vermittelt erreichen soll. Je nachdem, wo die Prüfung abgelegt wird, kann die mündliche Prüfung als Einzel- oder als Paarprüfung abgehalten werden. Während die Prüfungszentren der Goethe-Institute weiterhin die Einzelprüfung als Standard haben, ziehen die Prüfungszentren des Volkshochschulverbandes die Paarprüfung vor, schließen die Einzelprüfung jedoch nicht aus. Prüfungszentren der Österreichischen Sprachdiplome führen ausschließlich Paarprüfungen durch.

Mündliche Paarprüfung

Bei der Paarprüfung sprechen zwei Kandidaten oder Kandidatinnen miteinander, während die Prüfenden das Gespräch vor allem beobachten und nur selten eingreifen. Es findet eine Kommunikation unter Gleichen statt. Kommunikative Kompetenz, Kompensations- und Kommunikationsstrategien werden sichtbar. Die Prüfenden können sich ganz auf die Bewertung der Probanden konzentrieren ohne, wie bei der Einzelprüfung, einen Gesprächspart zu übernehmen.

Beide Kandidaten können sich 20 Minuten auf die Prüfung vorbereiten. Sie haben während dieser Vorbereitungszeit jedoch keine Gelegenheit, miteinander zu sprechen.

Die Prüfung wird eingeleitet, indem die beiden Partner sich gegenseitig kennen lernen. Sie stellen sich vor, erzählen von sich und stellen dem Partner oder der Partnerin Fragen. Dies ist bereits Teil der Prüfung (Kontaktaufnahme). Anschließend sprechen die Partner gemeinsam über ein Thema. Die Informationen, die beiden vorliegen, sind unterschiedlich, das Thema und die Art der Vorgabe ist gleich. Hier gibt es normalerweise zwei Aufgabenteile: Zunächst tauschen die Kandidaten ihre Informationen aus. Anschließend wird den Kandidaten Gelegenheit gegeben, eigene Erfahrungen und Meinungen zu dem Thema einzubringen. Im dritten Teil der mündlichen Prüfung lösen beide gemeinsam eine Aufgabe: Sie planen, machen Vorschläge, stimmen ihnen zu, lehnen sie ab oder machen Gegenvorschläge, einigen sich, verteilen Aufgaben, handeln Regeln aus usw.

Einzelprüfung

Im Gegensatz zur Paarprüfung hat der Kandidat / die Kandidatin hier keine Vorbereitungszeit. Die Prüfung ist genauso aufgebaut wie die Paarprüfung. Sie beginnt mit einem kurzen Kennenlernen des Kandidaten / der Kandidatin, d.h. der/die Prüfende fordert ihn/sie auf, sich vorzustellen, und stellt Fragen zur Person. Erst zu Teil 2 und Teil 3 erhält der Kandidat / die Kandidatin das Aufgabenblatt mit den vorgegebenen Informationen, die er/sie dem Prüfenden mitteilt. In Teil 3 schlüpft der/die Prüfende dann in die in der Aufgabe vorgegebene Rolle, widerspricht, stimmt zu, macht vielleicht auch selber Vorschläge.

Überblick über die Prüfung

Schriftliche Prüfung

1 Leseverstehen

Teil 1: Globalverstehen	5 kurze Texte		Teil 1: 25 Punkte (5x5)
Teil 2: Detailverstehen	1–2 Texte		Teil 2: 25 Punkte (5x5)
Teil 3: Selektives Verstehen	12 Anzeigen	90 Minuten	Teil 3: 25 Punkte (10x2,5)

2 Sprachbausteine

Teil 1: Grammatik	Multiple Choice		Teil 1: 15 Punkte (10x1,5)
Teil 2: Wortschatz	Zuordnung		Teil 2: 15 Punkte (10x1,5)

3 Hörverstehen

Teil 1: Globalverstehen	5 Meinungen		Teil 1: 25 Punkte (5x5)
Teil 2: Detailverstehen	Interview	30 Minuten	Teil 2: 25 Punkte (10x2,5)
Teil 3: Selektives Verstehen	5 Ansagen		Teil 3: 25 Punkte (5x5)

4 Schriftlicher Ausdruck

Brief	Leitpunkte	30 Minuten	maximal 45 Punkte

Mündliche Prüfung

Paarprüfung oder Einzelprüfung

Teil 1: Kontaktaufnahme	Leitpunkte	Paarprüfung: 15 Minuten, 20 Minuten Vorbereitungszeit	Teil 1: 15 Punkte
Teil 2: Gespräch über ein Thema	verschiedene Informationen		Teil 2: 30 Punkte
Teil 3: Gemeinsames Lösen einer Aufgabe	Leitpunkte	Einzelprüfung: 15 Minuten, keine Vorbereitungszeit	Teil 3: 30 Punkte

Zu Einsatz und Aufbau von „Zertifikat Deutsch – Der schnelle Weg"

Das Zertifikat ist eine Sprachstandsprüfung und von daher im Prinzip unabhängig davon, mit welchem Lehrwerk unterrichtet wurde, solange die Grundprinzipien des kommunikativen Unterrichts beachtet und die im Zertifikat angelegten Inhalte im Unterricht vermittelt wurden. Die Sprachkompetenz, die in dieser Prüfung verlangt wird, umfasst die Fähigkeit,
- kurze, authentische Zeitungstexte, Anzeigen und Kurzinformationen zu verstehen;
- Meinungsäußerungen, Interviews, Gespräche und Ansagen in authentischer Sprache, ggf. mit regionaler Färbung, zu verstehen;
- einen persönlichen oder halbformellen Brief zu schreiben;
- sich vorzustellen / Informationen über eine Person zu erfragen, Informationen zu einem allgemeinen Thema zu geben und mit den eigenen Erfahrungen zu vergleichen, gemeinsam eine Aufgabe zu lösen, d.h. Vorschläge zu machen / zu akzeptieren / abzulehnen, etwas zu planen, Aufgaben zu verteilen usw.

Für den Erfolg in der Zertifikatsprüfung ist es wichtig, dass die Lernenden entsprechend vorbereitet werden, vielfältige Gelegenheiten haben, kommunikative Aufgaben zu lösen, und dass ihnen die Inhalte und Gewichtungen in der Prüfung bekannt und die Formate der Tests und die Formen, in denen die Prüfung abläuft, vertraut sind.
„Zertifikat Deutsch – Der schnelle Weg" besteht aus diesem Buch und der zugehörigen Audio-Kassette (ISBN 3-468-49518-8) bzw. CD (ISBN 3-468-49519-6). Im ersten Teil finden Sie jeweils mindestens drei Übungstests zu allen Bestandteilen der Prüfung. Zu jedem Prüfungsteil werden detaillierte Hinweise zur Bewältigung der Aufgaben gegeben. Der zweite Teil bietet vielfältige Übungen zur Wiederholung der Grammatik und des Wortschatzes der drei deutschsprachigen Länder. Im dritten Teil können sich die Lernenden mit einem exakt auf die Zertifikatprüfung zugeschnittenen Probetest optimal vorbereiten. Der Anhang enthält einen Lösungsschlüssel, genaue Angaben zur Bewertung der einzelnen Tests, Transkipte aller Hörtexte sowie eine Adressenliste der prüfungsabnehmenden Institutionen.
Sie können die Trainingsaufgaben nach Bedarf in Ihren Unterricht integrieren, sie zur Arbeitsgrundlage für einen speziellen Prüfungstrainingskurs machen oder ihren Lernenden zur autonomen Vorbereitung auf die Prüfung empfehlen. Ergänzend können Sie das Wortschatz- und Fertigkeitstrainingsprogramm „Memo" (ISBN 3-468-49791-1) hinzuziehen.

Vorwort für Lernende

Liebe Deutsch Lernende,

jede Prüfung hat eine bestimmte Form. Wenn Sie wissen, wie die Prüfung aussieht, können Sie ruhiger und entspannter in die Prüfung gehen. Die Tabelle auf S. 8 gibt Ihnen einen Überblick über die Prüfung.

Schauen Sie sich diese Tabelle und dazu die Prüfungsaufgaben auf den nächsten Seiten an. Neu sind für Sie vielleicht die Aufgaben zum globalen und zum selektiven Verstehen. Aber Sie kennen sicherlich Situationen, wo Sie nur wissen wollen, was das Thema eines Textes ist. Dann überfliegen Sie den Text, bis Sie das Thema erkannt haben. Haben Sie keine Angst, wenn Sie beim Leseverstehen oder auch beim Hörverstehen, Teil 1 nicht alle Wörter verstehen. Sie sollen hier nur zeigen, dass Sie die Hauptinformation des Textes verstehen. Beim Lesen sollen Sie einen Titel zuordnen. In der Prüfung gibt es immer zwei Titel, die ähnlich sind. Einer davon ist richtig, der andere ist falsch. Ähnlich ist es beim Hörverstehen, Teil 1. Auch hier müssen Sie nicht jedes Wort verstehen. Sie sollen nur entscheiden, ob die Aussage zu dem Text richtig oder falsch ist. Neu ist für Sie vielleicht, dass Sie diesen Teil nur einmal hören.

Beim Detailverstehen geht es ums genaue Verstehen. Hier reicht es nicht, wenn Sie nur erkennen, wo ungefähr etwas im Text steht. Hier müssen Sie prüfen, was genau im Text steht.

Beim selektiven Verstehen sollen Sie im Prüfungsteil Leseverstehen die passende Anzeige / das passende Angebot zu den Aufgaben finden, bei den Hörtexten erkennen, ob die Aussagen dazu richtig oder falsch sind. Sie werden sehen, das ist wirklich nicht schwer.

Die Texte, die Sie lesen oder hören, können aus Deutschland, Österreich und der Schweiz kommen. Wenn Sie Gelegenheit haben, deutschsprachiges Fernsehen oder Radio zu hören, dann haben Sie sicherlich schon entdeckt, dass nicht alle gleich sprechen. Die Sprache klingt vielleicht etwas anders und manche Wörter und Informationen zum Land sind anders. In Ihrer Sprache ist das wahrscheinlich ähnlich. Sie verstehen aber meistens, was gemeint ist, der Kontext hilft fast immer in solchen Fällen. Wie unterschiedlich die Menschen klingen, das können Sie beim Hörverstehen, Teil 1 des Probetests hören. Die erste Sprecherin ist Österreicherin, der zweite und der vierte Sprecher kommen aus der Schweiz.

Bei der Schreibaufgabe sollen Sie einen Brief schreiben. Neben der Aufgabe haben Sie meistens einen kurzen Text als Impuls. Das kann zum Beispiel ein Brief oder eine Anzeige sein. Dazu gibt es vier Punkte, die Sie ordnen und zu denen Sie etwas schreiben sollen. Schreiben Sie zu jedem Punkt zwei bis drei Sätze. Wissen Sie, wie ein Brief in deutschsprachigen Ländern aussieht? Wie beginnt man einen Brief, wie beendet man ihn? Denken Sie daran, dass ein Brief ein Dialog mit jemandem ist. Sprechen Sie die Person, an die Sie schreiben, direkt an.

Es gibt in der Zertifikatsprüfung sehr wenige Aufgaben direkt zur Grammatik und zum Wortschatz. Die Punktzahl, die Sie hier gewinnen oder verlieren können, ist klein. Sie macht 10% der Gesamtpunktzahl aus. Schauen Sie sich die Beispiele an: In einem kurzen Text fehlen jeweils 10 Wörter. Sie sollen entscheiden, welches Wort fehlt. Um es einfacher zu machen, sind 15 Wörter oder je 3 Wörter vorgegeben, aus denen Sie auswählen können.

Hier sehen Sie den Akzent der Prüfung: Er liegt nicht auf Grammatik und Wortschatz, sondern Sie sollen zeigen, dass Sie Deutsch verstehen und auf Deutsch etwas sagen können. Damit Sie verstehen und damit man Sie versteht, müssen Sie viele Wörter kennen und Grammatik benutzen können. Korrektheit und ein breiter Wortschatz hilft, aber das ist nicht alles. Wenn Sie wenige Fehler beim Sprechen machen, kann es trotzdem sein, dass man Ihnen nicht gerne zuhört oder es anstrengend findet, weil Sie vielleicht zu lange nach Worten suchen, zu vorsichtig formulieren. Riskieren Sie etwas beim Sprechen und Schreiben, das ist besser als nichts zu sagen.

Je nachdem, wo Sie Ihre Prüfung machen, werden Sie entweder eine Einzelprüfung machen oder Sie werden zusammen mit einem anderen Kandidaten / einer anderen Kandidatin geprüft. Wir sprechen dann von einer Paarprüfung. Bei der Einzelprüfung spricht der Prüfer oder die Prüferin mit Ihnen und stellt Ihnen Fragen. Das Aufgabenblatt zu Teil 2 (Gespräch über ein Thema) und zu Teil 3 (Gemeinsames Lösen einer Aufgabe) bekommen Sie in der Einzelprüfung während der Prüfung. Anders als in der Paarprüfung haben Sie also bei der Einzelprüfung keine Vorbereitungszeit. Ihre Prüfung wird immer damit beginnen, dass Sie sich kurz vorstellen. In der Paarprüfung haben Sie und Ihr Partner / Ihre Partnerin dazu Inhaltspunkte, zu denen Sie etwas sagen oder möglichst viele Informationen von Ihrem Partner / Ihrer Partnerin erhalten sollen. In der Einzelprüfung hat nur der Prüfer oder die Prüferin diese Inhaltspunkte. Aber mit Hilfe der Prüfungsbeispiele in diesem Heft können Sie sich ungefähr vorstellen, was Sie von sich erzählen sollten. In Teil 2 haben Sie und Ihr Partner / Ihre Partnerin unterschiedliche Informationen auf Ihrem Aufgabenblatt. Diese Informationen sollen Sie Ihrem Partner / Ihrer Partnerin mündlich geben und Ihr Partner / Ihre Partnerin informiert Sie. Danach führen Sie ein kleines Gespräch, erzählen von Ihren persönlichen Erfahrungen oder sagen Ihre Meinung. Im dritten Teil sollen Sie ein Problem lösen, Ideen sammeln oder etwas gemeinsam planen. In der Einzelprüfung kann es sein, dass der Prüfer oder die Prüferin Ihre Vorschläge nicht akzeptiert. Bleiben Sie ruhig, das gehört zur Prüfung. Versuchen Sie zu überzeugen oder greifen Sie die Vorschläge des Prüfers / der Prüferin auf.

Auf S. 69f. finden Sie auch die Bewertungskriterien für den Brief und für die mündliche Prüfung. Schauen Sie sich auch diese Seiten an, denn je besser Sie informiert sind, wie die Prüfung abläuft und wie Sie bewertet werden, desto besser können Sie sich vorbereiten und desto ruhiger können Sie in die Prüfung gehen.

Viel Erfolg bei der Zertifikatsprüfung!   *Autoren und Verlag*

Hinweise zum „Zertifikat Deutsch" und zum Leseverstehen

Das „Zertifikat Deutsch"

Was wissen Sie schon über das „Zertifikat Deutsch"? Wählen Sie Text 1 oder 2: Markieren Sie neue Informationen.

① Das Zertifikat in neuem Kleid

Experten und Expertinnen aus Deutschland, Österreich und der Schweiz haben an der Revision des „Zertifikats Deutsch als Fremdsprache" gearbeitet. Herausgekommen ist das neue „Zertifikat Deutsch".

Überarbeitet und aktualisiert wurden die Lernziele, der Wortschatz, die Grammatikinhalte und die Prüfung. Die Kandidaten und Kandidatinnen sollen zeigen, dass sie Texte verstehen und sprachlich auf Deutsch handeln können. Im Zentrum der Prüfung stehen folglich das Hören und Lesen von Originaltexten, das Schreiben persönlicher oder formeller Briefe und das Sprechen mit Partnern. Grammatik und Wortschatz sind unter der Überschrift „Sprachbausteine" zusammengefasst.

② Aufbau der Zertifikatsprüfung

1. Lesen 90'
- Globalverstehen (5 kurze Texte)
- Detailverstehen (1 – 2 Texte / ca. 300 Wörter)
- Selektives Lesen (3 Themen / 12 Anzeigen)

2. Sprachbausteine
- Wortschatz + Grammatik (2 Lückentexte)

Pause

3. Hören 30'
- Globalverstehen (5 Meinungen)
- Detailverstehen (Gespräch/Interview)
- Selektives Hören (5 Ansagen)

4. Schriftlicher Ausdruck 30'
- Persönlicher oder halbformeller Brief

5. Mündlicher Ausdruck 15'
- Kontaktaufnahme
- Gespräch über ein Thema
- Lösung einer Aufgabe

1 Leseverstehen

PRÜFUNGSTIPP: Passende Lesestrategie wählen

Globalverstehen	Detailverstehen	Selektives Verstehen
= **Hauptaussage verstehen**	= **genaues Verstehen**	= **Informationen suchen**
1. Lesen Sie zuerst die Überschriften. 2. Passenden Text suchen. 3. Text schnell lesen: Entscheiden: passt / passt nicht? 4. Nächste Aussage prüfen	1. Überblick bekommen: Titel lesen – Thema erkennen 2. Aufgaben lesen 3. Textstelle suchen: Wo steht dazu etwas im Text? 4. Genau lesen: – auf „aber", „doch", „nicht", „kein", „jedoch" achten – unbekannte wichtige Wörter erschließen	1. Aufgabe lesen: Was wird gesucht? *Sofort* passende Anzeige suchen. Entscheiden: passt sie? – Buchstaben notieren – Keine Anzeige passt: → nächste Aufgabe 2. Am Ende Aufgaben ohne passende Anzeige nochmals kontrollieren
Zwei Überschriften pro Text; nur eine Überschrift passt!	*Reihenfolge der Aufgaben entspricht nicht der Reihenfolge im Text!*	*Nicht zu jeder Aufgabe gibt es einen Text!*

Machen Sie die Lesetests S. 11–19. Beachten Sie die Tipps.
Notieren Sie, wie lange Sie jeweils für einen Test gebraucht haben. Was war leicht, wo hatten Sie noch Probleme?

Globalverstehen	Detailverstehen	Selektives Verstehen

1 Leseverstehen – Globalverstehen (Teil 1)

Test 1. Lesen Sie zuerst die 10 Überschriften und dann die 5 Texte. Entscheiden Sie: Welche Überschrift (a–j) passt am besten zu welchem Text (1–5)?

a) Die Umwelt schützen	f) Arbeitslosigkeit belastet
b) Maßnahmen gegen Gewalt an Schulen	g) Mehr Gleichberechtigung für Mädchen
c) Mehr Verständnis zwischen Ost- und Westdeutschen	h) Das Geld des Staates sinnvoller ausgeben
d) Gesünder leben	i) Gegen Ausländerhass
e) Maßnahmen gegen die Luftverschmutzung	j) Maßnahmen gegen Kriminalität

Deutschlands Zukunft

gehört den Kindern, behaupten die Politiker. Hier sagen fünf Kinder, was sie bewegt und was sie ändern würden.

1 *Mirko Thees, 13,*
7. Klasse Gymnasium, Dresden
„Ich würde weniger Geld für die Bundeswehr ausgeben, in Deutschland gibt es sowieso nie wieder Krieg. Ich werde bestimmt nicht zur Bundeswehr gehen, weil ich's dumm finde, kämpfen und trinken zu lernen. Es ist doch sinnlos, wenn sich Menschen gegenseitig töten. Lieber sollten die Politiker das Geld in die Forschung stecken, damit wir alle Krankheiten heilen können und eines Tages auf dem Mars wohnen können, wenn wir hier wegen der vielen Umweltkatastrophen nicht mehr leben können. Außerdem sollte mehr Geld für Schulen ausgegeben werden. Wir haben zu alte und zu wenig Lehrer. Die Schule müsste auch dringend renoviert werden, auch die Toiletten sind alt und stinken."

2 *Alan Demirkan, 12,*
5. Klasse Hauptschule, Berlin
„Ich fände es gut, wenn man mehr gegen die Nazis machen würde, denn die wollen uns Ausländer rausschmeißen. An meiner Schule haben mich ein paar Jungen geärgert und geschlagen, weil ich einem Freund helfen wollte, der Albaner ist. Wo ich wohne, da gibt es eine Hauswand, an der steht: „Ausländer raus!" Das finde ich doof.
Ich bin in Deutschland geboren und habe einen deutschen Pass, aber meine Eltern sind Iraner und meine Urgroßeltern kamen aus der Türkei. Ich fühle mich heute halb als Deutscher, halb als Iraner. Das ist oft schwierig. Mein bester Freund ist Araber, den kenne ich schon von klein an. Aber ich habe auch sehr viele deutsche Freunde. Später will ich mal Polizist werden. Da kann ich anderen helfen."

3 *Markus Meier, 14,*
8. Klasse Gymnasium, Wismar
„Die Demokratie finde ich eine gute Sache, aber die Politik gefällt mir im Moment nicht. Die Politiker bauen sich schöne Häuser, aber für die armen Leute gibt's zu wenig Geld. Hier in Wismar gibt es sehr viele Arbeitslose. In der DDR gab es viele Arbeitsplätze, die gar nicht gebraucht wurden, deshalb sitzen jetzt viele auf der Straße. Auch meine Mutter und mein Opa haben ihre Arbeit verloren. Zum Glück hat meine Mutter jetzt wieder etwas gefunden. Als nur mein Vater einen Job hatte, da reichte das Geld nur gerade zum Leben. Ich selber spare mein Taschengeld. Man weiß ja nie, was noch alles kommt. Wenn ich wirklich mal was ausgebe, dann für ein schönes Buch, oder ich kaufe was für meine Fische."

4 *Sebastian Siemen, 13,*
8. Klasse Realschule, Stuttgart
„Ich finde, man müsste mehr gegen die Vorurteile zwischen Ost und West tun. Ich bin aus Thüringen und vor fünf Jahren in den Westen gekommen. Im Osten hat früher jeder jedem geholfen. Das gibt es aber heute nicht mehr. Uns fehlt ein bisschen der Zusammenhalt. Man könnte zum Beispiel einen Schüleraustausch machen, statt ins Ausland zu fahren nach Ostdeutschland reisen. Damit man mal sieht, wie es da ist. Manchmal sagt jemand zu mir, ‚guck mal, da läuft ein Ossi'. Das ärgert mich sehr, aber ich tue nichts. Wenn mich jemand auf Sächsisch anspricht, um sich über mich lustig zu machen, antworte ich auf Schwäbisch."

5 *Tobias Cappel, 12,*
6. Klasse Gymnasium, Gießen
„Ich würde alle Zigarettenautomaten abschaffen, damit die Raucher nicht überall Zigaretten kaufen können. Ein Freund hat mir erzählt, dass es in anderen Ländern Zigaretten nur im Geschäft gibt. So kommen Jugendliche nicht an Zigaretten ran. Rauchen finde ich nicht gut, und es ist rücksichtslos. Mein Vater raucht auch, das stört mich sehr, vor allem nach dem Abendessen und beim Fernsehen. Ich habe vor allem Angst um seine Gesundheit. Er ist mit 60 als Lehrer in Pension gegangen. Ich finde, das sollten alle Menschen tun dürfen. Noch länger zu arbeiten ist doch nicht gut. Und so könnten auch die jungen Leute eine Stelle finden. Meine Mutter muss noch zehn Jahre arbeiten und kann jetzt schon nicht mehr. Ich habe noch nicht darüber nachgedacht, wie lange ich selbst mal arbeiten möchte. Vielleicht werde ich Programmierer, geistige Arbeit ist nicht so anstrengend."

1. _____	2. _____	3. _____	4. _____	5. _____

Übungen — Leseverstehen – Globalverstehen

Test 2. Lesen Sie zuerst die 10 Überschriften und dann die 5 Texte. Entscheiden Sie: Welche Überschrift (a–j) passt am besten zu welchem Text (1–5)?

a) Neue Internet-Seiten für Kinder	f) Entspannung: jederzeit und überall in kurzer Zeit
b) Neue Therapie gegen Schlafstörungen	g) Die Deutschen schlafen zu lange
c) Neue Kurse für Entspannungstraining	h) Immer mehr Menschen nutzen das Internet
d) Internet-Seiten für Eltern	i) Mehr Energie durch einen Mittagsschlaf
e) Nur wenige Frauen nutzen das Internet	j) Im Büro schlafen die Deutschen am besten

1 In China ist der Mittagsschlaf gesetzlich erlaubt. In den deutschsprachigen Ländern gibt es dagegen kein Recht auf Schlaf um die Mittagszeit. Leider, denn regelmäßiger Mittagsschlaf macht nicht nur gesünder, sondern auch leistungsfähiger. Nach Beobachtungen des französischen Schlaf-Forschers Bruno Comby bewirkt ein Nickerchen am Mittag bessere Laune und erhöht die Konzentration. Comby empfiehlt, nach dem Mittagessen die Augen für mindestens zwei, maximal 30 Minuten zuzumachen. Nun müssen Sie nur noch dafür sorgen, dass Sie dabei von niemandem gestört werden.

2 Räumt Ihr Kind nie auf? Hören Sie auf, sich zu fragen, woher es das hat, werfen Sie stattdessen einen Blick ins Internet www.kidnet.de. Die Datenbank bietet in Sachen Nachwuchs mehr als 3000 Adressen. Anfragen an Jugendfreizeit-Einrichtungen oder der Austausch mit anderen Eltern – der Kontaktinformationsdienst (kid) bietet vielfältige Erleichterungen. + + + Unter www.paritaet.org/vamv hat der Bundesverband speziell für Alleinerziehende eine Webseite eingerichtet. Hier geht es um Fragen des Unterhalts oder des neuen Kindschaftsrechts. + + +.

3 Mit einem Nickerchen neue Energie tanken: Power-Schlaf heißt die Methode, mit der es gelingt, sich in Sekundenschnelle zu entspannen und geistig zu erfrischen. Sie schließen die Augen und atmen langsam und tief ein. Gesichts- und Nackenmuskulatur entspannen sich, im Gehirn werden Alpha-Wellen erzeugt. Wer diesen Relax-Zustand steigern möchte, stellt sich vor, wie sein Körper wärmer und schwerer wird. Der sogenannte „Cat nap" kann im Sitzen, wie Salvador Dalí es bevorzugte, oder im Stehen, beispielsweise im Gang vor einem wichtigen Meeting, praktiziert werden. Und wer an einem Schreibtisch arbeitet, bettet seinen Kopf einfach in die Arme auf den Tisch.

4 Abends nicht einschlafen können, nachts dauernd aufwachen – zehn bis zwanzig Prozent der Bevölkerung leiden ständig unter solchen Schlafstörungen. Abgesehen von Medikamenten gibt es bisher wenig Therapie-Angebote. Psychologen der Universität Münster haben jetzt ein spezielles Behandlungskonzept erarbeitet, die Schlafverkürzung. Anfangs darf man nicht länger im Bett liegen, als man durchschnittlich schlafen kann. Im Extremfall heißt das zum Beispiel: um eins ins Bett, spätestens um sechs wieder raus – auch am Wochenende und im Urlaub. Nach einigen Wochen fallen einem abends wie von selbst die Augen zu. Die Schlafenszeit wird dann langsam auf sechs bis sieben Stunden gesteigert.
Ein weiteres Ziel der Therapie ist die richtige „Schlafhygiene": den Tag so ausklingen zu lassen, dass man entspannt ins Bett geht; Schluss mit Alkohol und Medikamenten als ständigen „Einschlafhilfen"; tagsüber nicht auf Sparflamme leben, sondern sich auch einmal verausgaben. Die ersten Erfahrungen mit dem neuen Programm sind viel versprechend. Die meisten Teilnehmer schlafen wieder normal lange.

5 Bereits jeder fünfte Bundesbürger (8,4 Millionen) im Alter zwischen 14 und 59 Jahren nutzt zumindest gelegentlich einen Online-Zugang. Nach Schätzungen der Telekom wird bis zum Jahr 2003 jeder Zweite im Internet surfen.
Frauencomputerschulen bieten in vielen deutschen Städten Einführungskurse ins World Wide Web und für Computerprogramme an (www.frauen-computer-schulen.de). Speziell an Frauen richtet sich auch der Band „Internet auf den Punkt gebracht" von Ilse Stiller (i-punkt-Verlag, 24,80 Mark).

1. _____   2. _____   3. _____   4. _____   5. _____

Leseverstehen – Globalverstehen Übungen 13

Test 3. Lesen Sie zuerst die 10 Überschriften und dann die 5 Texte. Entscheiden Sie: Welche Überschrift (a–j) passt am besten zu welchem Text (1–5)?

| a) Auf der Flucht vor dem Vater |
| b) Mit dem Vater auf der Flucht |
| c) Gedanken einer Kaiserin |
| d) Sissi – Wie ein Mythos entstand |
| e) Erinnerungen an eine Kindheit auf dem Land |

| f) Leben auf dem Mond |
| g) Bill im Glück |
| h) Ein Mord als Ausweg |
| i) Amerika – Leben im Paradies |
| j) Ein Traum geht verloren |

1 Wir schreiben das Jahr 1968, und alle sind, wie man sich's vorstellt: langhaarig und bekifft. Unter einem Baum wird Cedar gezeugt, und dieselbe Cedar erzählt zwanzig Jahre später, was auf die Jointparty von damals folgte. «Two Moons» heißt der verlotterte Bauernhof, auf dem Cedar aufwächst, umgeben von webenden Frauen, töpfernden Männern und einem Klohäuschen im Garten. Dank Lakonie und wohldosierter Zeitkritik wirken diese Erinnerungen an die Kindheit in einer Hippie-Kommune nur selten klischiert. Beziehungsprobleme hatte Familie Flower-Power jedenfalls dieselben wie heute die Müllers von nebenan.

2 Immer enger zieht sich die Spirale um Bill: Jahrelang hatte er auf diesen Job gewartet, doch jetzt scheint er ihn wegen nichts wieder zu verlieren. Bill dreht durch und wird zum Mörder. Der Leser mordet mit: weil das Leben so ungerecht ist, weil Bill leidet und sich hoffnungslos in seinen Lügen verstrickt und weil man weiß, dass jeder gute Ausgang der Geschichte kitschig wäre. Der unterhaltend geschriebene Roman ist immerhin so gut, dass man gegen Schluss selber beinahe überschnappt, auch wenn Bills Psychogramm nicht über alle Zweifel erhaben ist. *Matthias Mächler*

3 Weil der tyrannische Vater sein Zimmer im Pflegeheim in Brand gesteckt hat und nun in eine Klinik eingewiesen werden soll, entführt ihn sein Sohn. Im Huckepack, denn der alte Mann kann nicht mehr gehen. Auf der gemeinsamen Flucht erinnert sich der Sohn an seine Kindheit, ans Heranwachsen, an die Geburt seines behinderten Bruders. Dazwischen: Immer wieder das Bild seines zerfallenden Vaters. Aus dem einst starken Mann ist ein hilfloses Kind geworden. Schonungslos zeigt Jürg Acklin die Schrecken des Alterns, den Abschied vom Leben, den Verlust der eigenen Illusionen. «Der Vater» ist keine schöne Geschichte – aber eine, die einem im Gedächtnis bleibt. *Christine Kunovits*

4 Seymour Levov ist der personifizierte amerikanische Traum: ein hervorragender Sportler, erfolgreicher Geschäftsmann, verheiratet mit der Miss New Jersey. Der Vietnamkrieg stürzt sein unbeschwertes Leben der fünfziger Jahre jedoch ins Chaos. Seine Tochter Merry bombardiert aus Protest ein Postgebäude, wobei Menschen getötet werden. Damit nicht genug: Levov merkt, dass seine Frau Dawn ihn betrügt. Dawn wird depressiv, und der amerikanische Traum wird zur Tragödie. Von diesem Familiendrama erfährt Nathan Zuckerman, das literarische Alter ego von Philip Roth, nach Levovs Tod. Levov war sein Idol. Erst bei seiner Suche in der Vergangenheit eröffnen sich Zuckerman die bedrohlichen Abgründe, die das Leben seines Helden prägten. Es sind Abgründe, denen die amerikanische Gesellschaft als Ganze gegenübersteht. Philip Roths Demaskierung des Traumlandes Amerika ist leicht zu lesen und schwer zu verdauen. Der Autor wurde dafür mit dem wichtigsten amerikanischen Literaturpreis, dem Pulitzerpreis, ausgezeichnet. *Seraina Mohr*

5 Zugegeben: Über die Sissi wurde schon ziemlich alles gesagt und geschrieben, was es über eine süße kleine Kaiserin zu sagen und zu schreiben gibt. Wer zur Abwechslung etwas von ihrer kaiserlichen Hoheit selber lesen möchte, hat jetzt Gelegenheit dazu. Pünktlich zum 100. Todesjahr ist ein kleines Bändchen erschienen, in dem Elisabeth von Österreich sich zu Themen äußert wie: Haare, Turnübungen, Liebe, Leben oder Spazieren bei schlechtem Wetter. Eine Kostprobe ihrer Weisheiten lautet: «Je ferner wir uns selbst werden, desto tiefer sehen wir in uns …» – so tief!

| 1. _____ | 2. _____ | 3. _____ | 4. _____ | 5. _____ |

1 Leseverstehen – Detailverstehen (Teil 2)

Test 1. *Lesen Sie den Text und wählen Sie: Welche Aussage (a–c) steht im Text? Kreuzen Sie an.*

Musik in allen Gassen?
Die Stadt Freiburg und die Straßenmusik: eine unendliche Geschichte

Die Stadt Freiburg als Mekka der Straßenmusikanten? Im Frühling sah es so aus. Seither hat sich die Situation in der Stadt ein wenig beruhigt.

Im Frühling sah man an allen Ecken und Enden der Stadt Musikanten: Späthippies, 12-Mann-Big-Bands aus dem peruanischen Hochgebirge und klassisch ausgebildete Konservatoriums-Abgänger teilten sich die Freilichtbühne.

Das Brot der Straßenmusikanten ist teilweise hart verdient. Während des Folkloretreffens singt sich ein Trio aus Equador durch sämtliche Cafés der Fußgängerzone. Die drei Brüder waren in Amsterdam und sind dann über Deutschland in die Schweiz gereist – hier hoffen sie, Landsleute zu treffen.

Das verdiente Geld reiche gerade so, um zu leben, meint der eine.

Doch nicht alle Musikanten kommen von so weit her: Ein junger Mann aus Bern spielt in der Bahnhofsunterführung. Er habe versucht, in der Fußgängerzone zu spielen, dort sei sein Instrument aber viel zu leise gewesen. Nur ein paar Münzen hat er bekommen. „Vermutlich ist es das erste und letzte Mal gewesen, dass ich das probiere", sagt er ein wenig frustriert.

Reglementierung der Straßenmusik

Für die Straßenmusikanten gelten die Weisungen, die vom Gemeinderat im Juni 1996 erlassen und im Mai 1998 überarbeitet wurden. Künstlerische Tätigkeiten auf der Straße müssen von der Polizei bewilligt werden, die Bewilligung kostet nichts.

Die Musiker dürfen unter der Woche von 11 bis 12.30 Uhr und von 16.30 bis 21 Uhr auf den Straßen spielen, am Samstag von 9 bis 21 Uhr und am Sonntag von 11 bis 20 Uhr. Straßenmusik ist nur in der Fußgängerzone erlaubt, welche in vier Sektoren aufgeteilt ist.

Die Künstler dürfen die Umgebung nicht länger als eine halbe Stunde unterhalten – dann müssen sie in eine andere Zone wechseln; am selben Tag darf eine Zone nur einmal bespielt werden. Lautsprecher sind verboten und die Fußgänger dürfen nicht behindert werden.

---

1. Viele Straßenmusikanten gab es in Freiburg
   a) schon immer.
   b) vor allem von März bis Mai.
   c) noch nie.

2. Die Musiker, die in Freiburg spielen,
   a) kommen aus der ganzen Welt.
   b) sind vor allem Musikstudenten.
   c) sind vor allem aus der Umgebung.

3. Die Straßenmusikanten dürfen pro Tag
   a) nur eine halbe Stunde in derselben Gegend spielen.
   b) maximal zwei Stunden spielen.
   c) maximal sechs Stunden spielen.

4. Die Freiburger Bevölkerung
   a) mag die Straßenmusikanten, denn sie bringen Leben in die Stadt.
   b) gibt den Straßenmusikern für ihre Kunst gerne Geld.
   c) findet, dass es im Frühjahr zu viele Straßenmusikanten in Freiburg gab.

5. Die Straßenmusikanten dürfen
   a) überall spielen, wo sie wollen.
   b) nur vor Geschäften spielen, nicht wo Menschen wohnen.
   c) nur an bestimmten Plätzen spielen.

Leseverstehen – Detailverstehen · Übungen

Test 2. *Lesen Sie den Text und wählen Sie: Welche Aussage (a–c) steht im Text? Kreuzen Sie an.*

Dieser verflixte Kloß im Hals

Die ehemalige Radio- und Fernsehmoderatorin Karen Meffert führt eine „Werkstatt für Sprechkultur". Dort lernen Frauen, wie man ohne Angst vor Publikum auftritt.

Im Hollywood-Film „Lügen haben lange Beine" verliebt sich ein Mann bis über beide Ohren in die Stimme einer Frau. Auch wenn Karen Meffert solche Erfolge nicht garantieren mag, behauptet sie: Stimme ist „lernbar". Jeder Mensch kann seine ideale Stimmlage finden. Man denkt kaum daran, wie die eigene Stimme auf andere wirkt. Dabei haben wissenschaftliche Untersuchungen bewiesen, dass die Stimme wesentlich über die Vertrauenswürdigkeit der Sprechenden entscheidet. Karen Meffert beschränkt sich nicht darauf, an der Sprechtechnik herumzufeilen, denn Redeangst hat nur zum Teil mit mangelnder Technik zu tun. Der tiefere Grund ist oft mangelndes Selbstbewusstsein. Die Kurse von Karen Meffert richten sich bis jetzt ausschließlich an Frauen: In ihrer Tätigkeit als Lehrerin für Erwachsene stellte sie fest, dass Frauen viel stärker unter Versagensangst leiden, besonders wenn sie sich an ein gemischtes Publikum wenden sollen. Sie glauben oft von vornherein, dass sie nichts Wichtiges zu sagen hätten oder von Männern nicht ernst genommen werden. Und schon ist der Teufelskreis da: Angst blockiert das kreative Denken, und deshalb artikulieren sich Frauen oft wirklich nicht optimal.

In die Kurse von Karen Meffert kommen Frauen jeden Alters, von der Unternehmerin über die Politikerin bis hin zur Großmutter, die ihre Märchen besser erzählen möchte. Man trainiert unter anderem Atem und Stimme, Sprechtechnik, Mimik, Gestik, Gedächtnis, Vorträge und das Überwinden von Lampenfieber. Gearbeitet wird mit Tonband und Video, nicht zuletzt aber auch mit den Reaktionen der Kursteilnehmerinnen. Die Kurse von Karen Meffert umfassen zwei Wochenendseminare zum Preis von insgesamt 370 Franken.

Stephanie Pruschansky

1. Der Kurs ist
   a) für Lehrer und Lehrerinnen.
   b) für alle Interessierten.
   c) nur für Frauen.

2. Der Kurs kostet
   a) nichts.
   b) 370 Franken.
   c) 740 Franken.

3. Frau Meffert
   a) hat früher fürs Radio gearbeitet.
   b) war früher Schauspielerin.
   c) war schon immer Lehrerin.

4. In dem Kurs lernt man
   a) etwas deutlicher auszusprechen.
   b) besser zu formulieren.
   c) sicherer vor Menschen zu sprechen.

5. Wissenschaftliche Untersuchungen haben gezeigt, dass
   a) Frauen schlechter sprechen als Männer.
   b) die Stimme wichtig dafür ist, ob wir jemandem vertrauen.
   c) man seine Stimme systematisch verändern kann.

Test 3. Lesen Sie den Text und wählen Sie: Welche Aussage (a–c) steht im Text? Kreuzen Sie an.

Reklameträger auf vier Rädern
Unternehmerin vermittelt Privat-Autos als Anzeigenflächen für Firmen

Hamburg – Es könnte bald bunter auf Deutschlands Straßen zugehen, wenn sich die Geschäftsidee von Corinna Dietrich aus Wedel bei Hamburg durchsetzt. Mit ihrem 1997 gegründeten Unternehmen „Mobil-Werbeland" vermittelt sie Privat-Autos als Werbeträger an Firmen.

Das bundesweit einzigartige Konzept der rollenden Werbeflächen hat bereits die Deutsche Bahn AG und die Hamburger TV Productions GmbH Schwartzkopff überzeugt. Mit RTL sei man am verhandeln, sagt die Unternehmerin. Künftige Werbekunden sieht sie im Kommunikations-, Computer- und Lebensmittelbereich. Die gelernte Bankkauffrau berät ihre Kunden und geht auf deren Wünsche ein. Automarke und Farbe sollten zum Unternehmen und dem Produkt passen, für das geworben werden soll. So fahren für das Gute-Nacht-Ticket der Deutschen Bahn AG nur rabenschwarze Autos. 2000 Autofahrer hat die 29-Jährige bereits in ihrer Kartei. Nicht jeder Wagenbesitzer kommt für sie in Frage. „Das Fahrzeug sollte nicht älter als vier Jahre und in einem gepflegten Zustand sein", erklärt sie. Mindestens ein Jahr muss das Auto als Werbefläche zur Verfügung stehen. Für den Einsatz erhalten die Autobesitzer 50 bis 230 DM im Monat.

Im Moment sucht die gelernte Bankkauffrau eher Werbekunden als neue Autos. Um auch für überregional werbende Firmen interessant zu sein, hat sich Frau Dietrich Vertriebspartner in anderen Städten gesucht. „Die Resonanz war groß. Ich habe mir aus über 200 Bewerbern die besten herausgesucht", sagt die geschäftstüchtige Unternehmerin. Neulinge haben bei ihr keine Chance. Die Interessenten müssen über Erfahrung im Bereich Werbung und Vertrieb verfügen. Ab sofort findet man „Mobil-Werbeland" in Berlin, München, Dortmund und Wuppertal. Stuttgart, Erfurt und Dresden sollen folgen. Angst, dass ihre Idee aufgegriffen wird, hat Corinna Dietrich nicht: „Ich habe das Konzept über zwei Jahre entwickelt. Den Vorsprung müssen meine Konkurrenten erst mal aufholen."

DIE WELT, 23.4.1998

---

1. Frau Wedel
    a) verkauft Autos.
    b) verkauft Platz für Werbung auf privaten Autos.
    c) verkauft Werbung.

2. Frau Wedel akzeptiert
    a) alle Autos, die ihr angeboten werden.
    b) nur neue und gepflegte Autos.
    c) nur schwarze Autos.

3. Das, was Frau Wedel macht,
    a) gibt es schon in anderen Städten.
    b) gibt es schon lange.
    c) ist in dieser Form neu.

4. Für die Werbung bekommen die Autofahrer
    a) 50 DM im Monat.
    b) einmal 230 DM.
    c) zwischen 50 und 230 DM im Monat.

5. Die Firma von Frau Wedel gibt es
    a) in mehreren europäischen Ländern.
    b) in mehreren deutschen Städten.
    c) nur in Hamburg.

Leseverstehen – Selektives Verstehen (Teil 3)

Test 1. Lesen Sie zuerst die Aufgaben und suchen Sie die passenden Anzeigen. Notieren Sie die passenden Buchstaben (A–K). Es ist auch möglich, dass keine Anzeige passt. In diesem Fall schreiben Sie „0".

1. Sie würden gerne wieder Rock'n'Roll trainieren und an Turnieren teilnehmen, haben aber keinen Partner.
2. Sie möchten mit Ihren Kindern Urlaub auf dem Land machen und ein wenig Golf spielen.
3. Es wird Zeit, Ihre Deutschkenntnisse zu verbessern! Leider haben Sie unregelmäßige Arbeitszeiten.
4. Sie suchen neue Möglichkeiten, sich im Tanz auszudrücken. Sie würden gerne mit anderen Frauen tanzen.
5. Es ärgert Sie, dass Sie nicht Walzer tanzen können. Das wollen Sie endlich ändern.
6. Ihr 16-jähriger Neffe möchte gerne in den Sommerferien zum Englischlernen in die USA.
7. Sie möchten Urlaub in den Bergen machen, suchen aber kein Hotel, sondern eine Ferienwohnung.
8. Sie tanzen sehr gern, würden gerne in einem Workshop im August etwas Neues lernen.
9. Bewegung macht schlank, denken Sie sich und suchen deshalb nach einem guten Fitness-Studio.
10. Sie möchten endlich mal wieder in eine Großstadt, Museen, Ausstellungen und Kultur genießen.

(A) Kultursommer in Berlin
Die preisgünstige und angenehme Unterkunft dazu können Sie bei uns im Berliner Stadtteil Grunewald finden, citynah und trotzdem ruhig. Ü/F im EZ/Dusche/WC, DM 99,–, Ü/F im DZ/Dusche/WC DM 75,– pro Person. Europäische Akademie Berlin. T. 030/8 95 95 10, Fax: 030/8 26 64 10 E-mail: sch@eaue.de

(B) Wiesbaden. Wer hat Interesse an einem Tanzkurs, nach dem Motto: Dance like a Star? Ich, 22, würde es euch beibringen. Wenn ihr interessiert seid, ruft an unter 0118-33421746 Conny

(C) Ferienhotel Steckhausen

Unser Ferienangebot!
Kinder bis 6 Jahre im Elternschlafzimmer kostenlos. Kinder bis 15 Jahre täglich 1 freie Reitstunde, Kinderunterhaltungsprogramm, Kinderbetreuung
N Erlebnishallenbad mit Bade- und
E Saunalandschaft, Poolbar, großer
U Wasserrutsche, Whirl-Pool, u.v.m.
Freibad, Sonnenstudio, Wassermassagebank, Kegelb., Grillhütte, Bar, Boutique, Tennispl., Jagd, 14 Pferde, Kutsch- u. Planwagenfahrten, Spielplatz, Angeln, Rundflüge, hervor. Küche, Komfzi., App. u. Suiten z.T. m. Whirlpool, Fax u. Video.
18 Loch-Golfplatz m.Golfschule am Haus
FAMILIE STECKHAUSEN
57392 Schmallenberg Sellinghausen
Telefon 02971/3128 Fax 312 102
eMail: Ferienhotel-Steckhausen@t-online.de
Farbhausprospekt m. Pauschalangebot

(D) Attraktive Gruppenprogramme rund ums Bier bereits ab 16,– DM pro Person. Zum Beispiel Bierdiplom, Vorträge, Bierprobe
Stadtführungen zu verschiedenen Themen
Wochenendangebote ab 105,– DM p. Pers.

Die historische Bier- und Fachwerkstadt
• Malerische Altstadt mit über 400 farbenprächtigen Fachwerkhäusern
• Urheimat des Bockbieres
• Expo-Nähe
Tourist-Information Einbeck • Marktplatz 6/8 • 37574 Einbeck • Telefon (0 55 61) 916-121 oder (0 55 61) 194 33 • Telefax (0 55 61) 916-300 • Einbeck im Internet http://www.einbeck-online.de

(E) Meinen Sommerurlaub
verbringe ich in den Tiroler Bergen.
Mich erwartet ein hochkomfortables Hotel. Dazu eine zauberhafte Bade-, Sauna-, Kosmetik- und Wellnessanlage, Minigolf, Tennis, Kinderspielplatz. Tägl. Gaumenfreuden. Animation zu Gymnastik, Wanderungen, Fahrradtouren, Beachparty am See, Almfrühstück, Grillparty, Besichtigungen, 4x wöchentl. Livemusik.

Alpenrose
A-6652 Elbigenalp, Lechtal, Tirol!
Tel.: 0043.5634.6651, Fax: -665287
http://www.tiscover.com/alpenrose-lechtal

(F) RAUM Bremen: Welche talentierten Hip-Hop-Tänzerinnen möchten mit mir eine Tanzgruppe gründen? 0421-653962

(G) CDC

☐ Alle Sprachen
☐ Praxisorientierte Inhalte
☐ Muttersprachliche Trainer
☐ Flexible Trainingszeiten
☐ Sprachreisen für Erwachsene und Jugendliche
Schnell-Info und individuelle Beratung:
Telefon: 089/ 12 66 46 -0
Telefax: 089/ 12 66 46 -46
e-mail: muenchen@cdc.de
Carl Duisberg Centren   Pfänderstraße 10
Niederlassung München 80636 München
Kompetenz in Sprachen

(H) Sprache & Reise
Unsere Sprachreisen für Jugendliche und Erwachsene bieten Ferienspaß mit Lerneffekt seit über 22 Jahren. In England, Schottland, Irland, Frankreich und auf Malta - gut & günstig.
USA: Sprachreisen, High School, Au Pair
EUROPARTNER REISEN
Auf dem Rügge 9
33181 Wünnenberg
Fon 0 29 53 / 98 05-0
Fax 0 29 53 / 98 05-98
Brüderweg 15
44135 Dortmund
Fon 02 31/52 78-83
Fax 02 31/55 48 25   EURO PARTNER

(I) Suche ehrgeizigen Tanzpartner, um an Tango-Turnieren teilzunehmen. Bin weiblich, 1,68 m groß und lege Wert auf Spaß beim Training. ☎ 0244-533650

(J) RHYTHM AND TAP SCHOOL
Einführungskurs: 20. + 21. Aug. 98
Workshop: 24.-28. Aug. 98
Kinderkurse: ab 15. Sept. 98
laufende Kurse: ab 31. Aug. 98 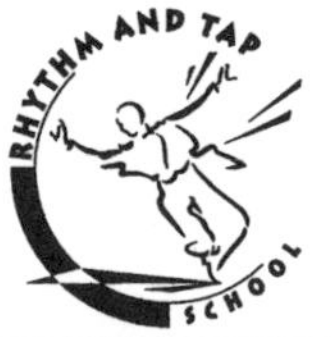
STEPTANZ
Tel. 01-312 51 52 / www.tapdance.ch

(K) Wegen Ihnen lernt Ihr Butler doch nicht Deutsch!
Für Englischkurse und Reiseorganisation: 01 485 50 40
EUROCENTRES

18 Übungen — Leseverstehen – Selektives Verstehen

Test 2. Lesen Sie zuerst die Aufgaben und suchen Sie die passenden Anzeigen. Notieren Sie die passenden Buchstaben (A–L). Es ist auch möglich, dass keine Anzeige passt. In diesem Fall schreiben Sie „0".

1. Sie möchten mit Ihren Kindern einen kleinen Ausflug mit dem Schiff machen.	6. Während Ihres Aufenthaltes in Zürich Anfang Juni möchten Sie gerne in ein Rock-Konzert.
2. Ihre Kinder mögen Tiere sehr. Sie möchten ihnen eine Freude machen.	7. Während Ihrer Wien-Reise Mitte Juni möchten Sie gerne moderne Kunst sehen.
3. Anfang Juni möchten Sie gerne in Zürich in ein klassisches Konzert gehen.	8. Für ein Fest suchen Sie etwas Originelles und Besonderes. Vielleicht einen Künstler?
4. Sie möchten mit der ganzen Familie einen kleinen Ausflug in die Berge machen.	9. Ihr Partner / Ihre Partnerin träumt schon lange davon, die Welt von oben zu sehen.
5. Ihre Kinder mögen die Bücher von Janosch. Sie möchten ihnen eine Freude machen.	10. Sie heiraten und feiern eine große Hochzeit. Sie möchten alles auf Video aufnehmen.

A Holly Ballonfahrten — Start vor Ihrer Haustüre — Tel. 01-342 41 41 — www.holly.ch

B Tonhalle Zürich — Großer Saal
Samstag, 5. Juni 19:30 Uhr
Abschlusskonzert Artemus-Konzertzyklus
Südwestdeutsche Philharmonie
Eduard Muri, Dirigent
JERMEMY MEHUHIN, Klavier
W. A. Mozart — Sinfonie Nr. 29 A-Dur KV 201
L. v. Beethoven — 1. Klavierkonzert C-Dur op. 15
W. A. Mozart — Sinfonie Nr. 35 D-Dur KV 385 «Haffner-Sinfonie»
Karten zu Fr. 20.– bis Fr. 80.– ab 10 Mai.
bei: Migros City 221 16 71, BIZZ 221 22 83, Musik Hug 269 41 00, Jecklin Pfauen 253 76 76.
AHV/Legi Fr. 10.– Ermäßigung an der Abendkasse.

C JANOSCH – Sie kenne seine Tigerente, seine Geschichten – aber kennen Sie sein Ozeansofa? Bei Luna Design, an der Stadelhoferstr. 22, in Zürich, steht es im Schaufenster und findet fröhliches Interesse, übrigens nicht nur bei den Kleinen. Kinder sind zur Schatzsuche eingeladen, denn Janosch hat ein Geheimfach im Sofa höchst gerissen platziert, damit es von den Erwachsenen nicht gefunden werden kann. Jedes Kind, das es findet, findet einen süßen Schatz. Öffnungszeiten: Mo-Fr, 9.30 bis 18.30 Uhr, Sa bis 16.00 Uhr, Telefon 260 68 60.

D ★ RETINO ★ Zauberkünstler
Originelle Zaubershow für Hochzeit, Geburtstag u. Geschäftsfeier. Tel./Fax (052) 376 17 70.

E Video- + Foto-Reportagen, -Produktionen
Hochzeiten, Feste; Super8-/N8-Filmkopien, Transfers alle Formate inkl. NTSC; Schnitt, Bearbeitungen 056 631 85 89

F Erlebnis Zoo Eichberg — Mit kleinen Äffchen spielen, mit Lamas flanieren oder gar einen Gepard streicheln. Ein verrückt-interessanter Zoo, auf Voranmeldung zu besuchen. Neugierig?
Info und Prospekte Tel. 071/755 55 70

G Zu vermieten: Glacéwagen oder mehr ➡ Tel. 0844 840 844

H MUSEUM BELLERIVE
12. Juni bis 26. September
Doppelausstellung
MADE IN JAPAN
hanten und happi
Feuerwehrmäntel und Kaufmannskittel
täuschend echt
Die hohe Kunst der Plastikköche
Im Museumsshop: Bücher, Karten, Ausstellungs-Kataloge und ausgewählte Kleinigkeiten aus Kunsthandwerk und Design.
Öffnungszeiten:
Dienstag–Sonntag 10–18 Uhr
Mittwoch 10–21 Uhr
1. August geschlossen
Führung jeden Mittwoch um 19 Uhr
Bistro Museum Bellerive, täglich geöffnet 10–22 Uhr.
8008 Zürich, Höschgasse, 3, Tel. (01) 383 43 76

I CONINX MUSEUM
KUNST. SAMMLUNG. AUSSTELLUNGEN.
HEUELSTRASSE 32 CH-8032 ZÜRICH
Faszination 1
KUNSTFLÜGE
Spannweiten einer Sammlung akrobatisch geordnet
Ausstellung 20. Mai bis 22. August
Öffnungszeiten
Di – Sa 14 bis 17 Uhr
So 11 bis 17 Uhr
Tram 3, 8, 15 und Bus 33 bis Klusplatz

J MUSEUM MODERNER KUNST STIFTUNG LUDWIG WIEN
Führungen
Samstag, 12. 6. 15 Uhr
Sonntag, 13. 6. 11 Uhr
Palais Liechtenstein — Monika Faber — 20 Meisterwerke
20er Haus — Renée Gadsden — Kunst nach 1950
Info Tel. 317 69 00-31

K SommerKonzerte
SCHLOSS SCHLEISSHEIM
Samstag, 31. Juli, 18.00 Barocksaal
Irena Grafenauer, Mate Bekavac
Duos f. Flöte u. Klarinette: Mozart K 423, C.P.E. Bach Son., Paganini Caprice, Piazzolla Tango, u.a
Sonntag, 1. August, 18.00 Barocksaal
Tartini Quartett, Mate Bekavac
Mozart, Klarinettenquintett, Haydn, Quartett Nr.4 Smetana "Aus meinem Leben"
Kartenreservierung: M. Keitel T. 089 601 03 25
14.8. Ensemble Wien Strauß, Schubert
15.8. Vincent Herring, sax
Antonio Farao Trio classic Jazz
SCHLOSS DACHAU
Renaissancesaal, 19.30
7.8. Cappella Istropolitana
Simon Dent, Oboe, Andrea Lieberknecht, Flöte
Mozart Oboenkonz. C-dur, Flötenkonz. G-dur, u.a
8.8. P. J. Clemente, Anna Gourari
Recital für Violine und Klavier
Mozart B-dur, Beethoven, c-moll, Brahms, G-dur
Karten, Progr.: München: Kartenbüro M. Keitel T 6010325, München Ticket T 54 81 81 81, u.a. Vorverkauf, Dachau Verkehrsver.T 08131-84566

L MOMO-Gesundheitstip Nr. 10
Lasst die Kinder laufen!
Kinder, die alle Wege mit dem Auto gefahren werden, leiden schon früh an Bewegungsmangel mit all seinen Folgen.
Wir informieren Sie gerne über den aktuellen Wissensstand und geben Tipps zur Mobilität der Kinder. 
Telefon-Hotline: Frau Bühler Tel. (07 31) 666 95, werktags 9.00 bis 17.00 Uhr oder Einstiegsinfos gegen DM 4,– in Briefmarken bei:
MOMO-KINDER-STIFTUNG
Mühlbachstr. 2
78315 Radolfzell

Leseverstehen – Selektives Verstehen — Übungen

Test 3. Lesen Sie zuerst die Aufgaben und suchen Sie die passenden Anzeigen. Notieren Sie den Buchstaben (A–L). Es ist auch möglich, dass keine Anzeige passt. In diesem Fall schreiben Sie „0".

1. Sie gehen gerne in den Bergen wandern und suchen eine Ferienwohnung.
2. Sie möchten Ihre Frau in ein schickes italienisches Restaurant einladen.
3. Sie haben einen neuen Computer und suchen jemanden, den Sie fragen können.
4. Sie möchten gerne ein Instrument spielen lernen. Am liebsten Klavier.
5. Ihre Kinder lieben Tiere, besonders Nashörner.
6. Sie möchten gerne lernen, wie man das Internet besser nutzt.
7. Sie möchten Ihrer Frau, die gerne tanzt, einen Wunsch erfüllen.
8. Sie möchten mit der ganzen Familie Ferien machen.
9. Ihre Kinder lieben Tiere und möchten die Ferien mit Tieren verbringen.
10. Sie möchten gerne mit Ihren Kindern ein Fest besuchen.

A) Mit Tieren auf Du und Du
KNIES KINDERZOO – RAPPERSWIL AM SEE
Kinder und Erwachsene erleben Elefanten, Giraffen, Ponys, Nashörner und viele andere Tiere aus nächster Nähe. Und sie dürfen gestreichelt werden. Dazu das beliebte Elefanten- und Ponyreiten und viele weitere Spielmöglichkeiten sowie zwei preisgünstige Restaurants.
Bis 31. Oktober täglich geöffnet von 9 bis 18 Uhr, an allen Sonn- und Feiertagen bis 19 Uhr. Kinderzoo Info-Linie 055 220 67 67

B) 2. Tanzrausch 5.–10. Okt.
Ein vielfältiges Angebot für Jugendliche und Junggebliebene!
Dynamo Zürich, Infos: Tel. (01) 365 34 50

C) Ristorante LUCA'S GIANGROSSI und Vini Regaleati
Presentano Sicilia in Bocca
Gastronomische Wochen vom 18. 9. bis 3. 10.
Gastkoch: Giovanni Stassi
Persönlicher Koch des Weingutes Conte Tasca d'Almerita
Rebgasse 8, CH-8004 Zürich
Fax (01) 241 20 84
Telefon (01) 241 20 64
Unsere Öffnungszeiten
Montag bis Freitag: 11.00–14.00 / 18.30–24.00
Samstag: 18.30–24.00
Sonntag: geschlossen

D) Großes Kinderfest im Zoo Zürich
Samstag, 19. Sept., 10–17.30 Uhr
– Zeichenwerkstatt mit Marcus Pfister (Regenbogenfisch)
– Chinderchilbi
– Marlitante
– Kinderparcours mit Preisen
– Tierattraktionen
– und vieles mehr
Extratram (alter 6er) von 09.30 bis 14.30 Uhr jede Stunde ab Pestalozziwiese direkt ans Fest
GRATISEINTRITT für alle Kinder

E) Haben Sie Kummer?
Dann wenden Sie sich an die «Kummerbox». In dieser Rubrik beantworten wir Fragen und nehmen zu Problemen rund um den PC und seine Anwendung Stellung. So erreichen Sie uns:
Redaktion Tages-Anzeiger
«Computer»-Bund, «Kummerbox»
Werdstraße 21
8021 Zürich
Fax (01) 248 53 24, E-Mail: computer-bund@tages-anzeiger.ch

F) Urlaub am Bauernhof
in gesunder Natur. Noch Ferienwohnungen frei. Preis: DM 65,– pro Tag
***Gasthof Gutmann, Mirnig 11, 9372 Eberstein, Tel. 0043/4264/8146

G) Einzelunterricht bei Top-Musikern
Akkordeon-, Bass-, Gesangs-, Gitarren-, Keyboards-, Klarinetten-, Percussions-, Piano-, Querflöten-, Saxophon-, Schlagzeug-, Trompeten-, Violine- und Vibraphon-Unterricht für jedes Niveau bei bestqualifizierten Musikern. Stile von Rock bis Jazz.
ACM Zürich, (01) 252 20 30

H) Klavierjazz-Unterricht
erteilt Jazzpianist mit Lehrerfahr. an alle Interess. (mit od. ohne Notenkenntn.). Bewährte Methode mit Cassette. Stile: Ragtime, **Fats Waller**, **Oscar Peterson**, Blues + Boogie etc. Agglomer. Zürich. Unterr. auch abends. Tel. (01) 750 33 70.

I) Herbstferien nix wie weg!
Und das für nur sFr **998,–**
Unser Familien-Sparpreis für Sie
Ein Woche Urlaub für die ganze Familie
• Einmal bezahlen und dafür viele Leistungen bekommen
• Halbpension und 7 Übernachtungen in einem 4-Sterne-Hotel mit Hallenbad (2 Erwachsene und 1–2 Kinder)
• Tolles Kinderprogramm und -betreuung von Montag bis Freitag und ein Feriendorf voller Möglichkeiten.
FIEBERBRUNN
Information und Buchung ab sofort bei:
Tourismusverband A-6391 Fieberbrunn
Tel. 0043-5354-56304, Fax 0043-5354-52606
www.tiscover.com/fieberbrunn

J) Was könnte ich noch tun?!
Erfahrene Berufs- und Laufbahnberaterin begleitet Sie auf dem Weg
• zur **Veränderung**
• zum **Wiedereinstieg**
• zur **Neuorientierung**
Berufs- und Laufbahnberatung für Frauen, Barbara Meienberger, dipl. Berufsberaterin, Hedwigsteig 6, 8032 Zürich, (01) 420 12 00, Fax (01) 420 12 01

K) SELBSTVERSORGER ALMHÜTTEN. FERIENWOHNUNGEN in Königsleiten auf 1600 m, traumhaftes Wandergebiet im Nationalpark. Fam. Obermoser, Tel. 0043-6564-8216, Fax 0043-6564-8385

L) Damit Sie beim Surfen nicht schwimmen.
Die Kurse für PC, Internet und mehr
Kursprogramm unter
Gratistelefon 0800 88 66 44
www.level-school.ch
level level level

Sprachbausteine

Lesen Sie den Text. Sehen Sie sich die Beispiele rechts an. Welche Form (A, B) erscheint Ihnen leichter?

Sprachbausteine

Grammatik und Wortschatz sind „Bausteine" der Sprache. Im Zertifikat Deutsch wird geprüft, ob Sie in der Lage sind, in einem Text die passende grammatische Form oder das passende Wort zu ergänzen.

Teil 1: Schwerpunkt Grammatik
- Fax oder halbformeller Brief
- 10 Aufgaben, Multiple Choice: pro Aufgabe 3 Möglichkeiten zur Wahl

Teil 2: Schwerpunkt Wortschatz
- Text aus der Perspektive des Kandidaten / der Kandidatin
- 10 Aufgaben, Zuordnung: 15 Wörter für 10 Lücken zur Wahl

Teil 1: Schwerpunkt Grammatik

Sehr geehrte Frau Schlegel,
schon lange (1) ich das Internet kennen lernen. Deshalb bin ich (2) interessiert (3) Ihrem Kursangebot.

1. a) möchten　　2. a) sehr　　3. a) für
   b) möchte　　　 b) viel　　　 b) von
   c) möchtet　　　c) mehr　　　c) an

Teil 2: Schwerpunkt Wortschatz

Lieber Herr Buchmüller,
vor (1) Wochen habe ich Ihre (2) im Radio (3). (4) höre ich „Persönlich", wann immer es mir (5) ist.

a) Sendung　b) Ausstrahlung　c) manchen　d) möglich
e) entdeckt　f) einigen　　　 g) seitdem　　h) erfreulich

PRÜFUNGSTIPP: Zeit bewusst einteilen

- Maximale Bearbeitungszeit pro Testteil festlegen.
- Mit leichteren Testteilen beginnen.
- Einfache Aufgaben lösen, schwierige überspringen und am Ende lösen.
- Maximale Bearbeitungszeit für jeden Testteil einhalten.
- Zeitplan für die Testteile „Lesen" und „Sprachbausteine" machen.

Machen Sie die Tests auf S. 21–25. Beachten Sie die Tipps.

Wie haben Sie die Tests gelöst? Notieren Sie die Arbeitsschritte.

Teil 1: Grammatik　　　　　　　　　　**Teil 2: Wortschatz**

1. _____　　　　　1. _____
2. _____　　　　　2. _____
3. _____　　　　　3. _____

Welche Tipps können Sie geben? Formulieren Sie.

PRÜFUNGSTIPPS:

Wie lange haben Sie im Durchschnitt für Leseverstehen und Sprachbausteine gebraucht? Machen Sie einen Zeitplan. Nutzen Sie die Angebote zur Wiederholung von Wortschatz und Grammatik auf S. 42ff.

	Global-verstehen	Detail-verstehen	Selektives Lesen	Grammatik	Wortschatz
meine Zeit					
optimale Zeit					
Prüfungszeit insgesamt:		90 Minuten			

Sprachbausteine: Grammatik Übungen 21

2 Sprachbausteine: Grammatik (Teil 1)

Test 1. Lesen Sie den folgenden Text und entscheiden Sie, welches Wort (a, b oder c) in die Lücken 1–10 passt.

Liebe Nilgün,

heute schreibe ich dir auf Deutsch, (1) ich für die Zertifikatsprüfung üben möchte, in (2) wir auch einen Brief schreiben müssen.

Ich nehme zur Zeit an einem Kurs zur Vorbereitung (3) diese Prüfung teil und bin schon ein bisschen (4), denn in vier Wochen ist die (5) Prüfung, und darauf möchte ich gut vorbereitet sein.

Da es nicht genug ist, nur im Kurs (6), übe ich auch viel in meiner Freizeit: Ich lese, höre die Nachrichten im Radio und im Fernsehen, spreche möglichst viel mit meinen (7) Bekannten – und schreibe auch Briefe, wie diesen.

Mir geht es ganz gut. Aber wenn ich die Prüfung bestanden (8), geht es mir super; dann feiern wir ein großes Fest zusammen, zu dem ich dich jetzt schon einlade.

Zwischen der schriftlichen und der mündlichen Prüfung rufe ich (9) an: Dann kann ich dir auch schon den genauen Termin für (10) Fest sagen.

Herzliche Grüße

deine Aische

1. a) denn
   b) weil
   c) wenn

2. a) dem
   b) der
   c) die

3. a) an
   b) auf
   c) vor

4. a) aufgeregt
   b) aufregend
   c) aufregt

5. a) schriftlich
   b) schriftliche
   c) schriftlichen

6. a) lernen
   b) um zu lernen
   c) zu lernen

7. a) deutsche
   b) deutschen
   c) deutscher

8. a) bin
   b) habe
   c) werde

9. a) dich
   b) dir
   c) sie

10. a) unser
    b) unsere
    c) unseres

Test 2. Lesen Sie den folgenden Text und entscheiden Sie, welches Wort (a, b oder c) in die Lücken 1–10 passt.

Liebe Christina,

diese Karte schreibe ich dir aus Engelhartszell; das ist (1) Ort an der Donau direkt (2) der Grenze zwischen Österreich und Deutschland.

Mit meinen Freundinnen mache ich gerade eine Radtour die Donau entlang: Zwischen Passau und Wien gibt es einen wunderschönen Donauradweg, auf (3) jedes Jahr etwa 120 000 Menschen radeln.

Wir (4) in Passau gestartet und haben vor, mit dem Rad bis nach Wien (5); das sind ungefähr 350 km! Wir wollen die Tour innerhalb von zwei Wochen schaffen, und da, (6) es uns besonders gut gefällt, auch mal (7) Station machen.

Am ersten Tag sind wir von Passau bis hierher gefahren, das sind 25 km! Wir sind alle ziemlich müde – aber auch ein bisschen stolz! Zur Zeit sitzen wir in einem Biergarten, denn (8) der Anstrengung schmeckt uns die „Brotzeit" besonders gut, wie du (9) denken kannst.

Aus Linz werde ich dir (10) Karte schreiben.

Es grüßt dich herzlich

deine Evelyn

1. a) ein kleines
   b) ein kleiner
   c) eine kleine

2. a) an
   b) auf
   c) zwischen

3. a) dem
   b) den
   c) der

4. a) haben
   b) sind
   c) werden

5. a) fahren
   b) gefahren
   c) zu fahren

6. a) weil
   b) wenn
   c) wo

7. a) lang
   b) länger
   c) längste

8. a) in
   b) nach
   c) vor

9. a) das
   b) dich
   c) dir

10. a) die nächste
    b) eine nächste
    c) nächste

Übungen — Sprachbausteine Grammatik

Test 3. Lesen Sie den folgenden Text und entscheiden Sie, welches Wort (a, b oder c) in die Lücken 1–10 passt.

Lieber Mario,

vielen Dank für deinen Brief. Du möchtest wissen, (1) Erfahrungen ich bisher in (2) Wohngemeinschaft gemacht habe. Dazu muss ich dir sagen: sehr unterschiedliche, viele positive, (3) auch ein paar negative.

Ganz wichtig ist es natürlich, dass dir die Leute, mit (4) du zusammenleben (5), sympathisch sind.

Ich habe da (6) gehabt: Wir verstehen uns ganz gut, und wir können auch schon mal (7) persönliche Probleme reden. Das ist das (8): Du bist nicht allein.

Auf der (9) Seite kann man sich manchmal auch ganz schön auf die Nerven gehen. Dann ist es gut, (10) man innerhalb der WG einen privaten Bereich hat.

Ich kann dir also nur raten: Versuch's mal!

Herzliche Grüße

dein Eckehard

1. a) diese
   b) was
   c) welche
2. a) meine
   b) meinen
   c) meiner
3. a) aber
   b) denn
   c) deshalb
4. a) den
   b) denen
   c) die
5. a) werdest
   b) wirst
   c) wurdest
6. a) das Glück
   b) ein Glück
   c) Glück
7. a) für
   b) über
   c) von
8. a) am wichtigsten
   b) Wichtigste
   c) wichtigsten
9. a) andere
   b) anderen
   c) anderer
10. a) wann
    b) wenn
    c) wo

Test 4. Lesen Sie den folgenden Text und entscheiden Sie, welches Wort (a, b oder c) in die Lücken 1–10 passt.

Liebe Swantje,

ich freue mich sehr darüber, (1) du mich in Berlin besuchen willst. Hier ist, wie du (2) denken kannst, ungeheuer viel los. Überall (3), vieles ist aber schon fertig oder wird in Kürze fertig gestellt, der Potsdamer Platz zum Beispiel ist völlig neu. (4) den Gebäuden für die Regierung wird noch gearbeitet, (5) die Umbauten des Reichstagsgebäudes (6) schon seit einigen Wochen beendet. Man konnte es bereits besichtigen. Natürlich bin ich schon da gewesen! Besonders faszinierend ist der Rundgang durch (7) Kuppel, aus der man den Abgeordneten von hoch oben auf die Köpfe gucken kann.

Aber das und vieles andere schaust du dir am besten selbst an, wenn du hier bist. Der Zeitpunkt deines Besuchs ist besonders (8), denn am 6. Juni hat hier in Berlin das Projekt „Berlin: Offene Stadt" (9); Berliner und Gäste sind eingeladen, sich den Stadtumbau anzusehen. Das heißt, man kann sich sowohl die schon fertigen Gebäude als auch Großbaustellen und Anlagen anschauen, (10) normalerweise nicht für Besucher geöffnet sind.

Schreib mir bitte, wo und wann du ankommst; ich hole dich dann ab.

Auf bald und herzliche Grüße

deine Helma

1. a) dass
   b) weil
   c) wenn
2. a) dich
   b) dir
   c) Ihnen
3. a) bauen
   b) werden gebaut
   c) wird gebaut
4. a) An
   b) Für
   c) In
5. a) aber
   b) obwohl
   c) sodass
6. a) ist
   b) sind
   c) werden
7. a) die gläserne
   b) die gläsernen
   c) gläserne
8. a) am günstigsten
   b) günstig
   c) günstiger
9. a) begann
   b) beginnt
   c) begonnen
10. a) die
    b) diese
    c) welchen

Sprachbausteine Grammatik/Wortschatz — Übungen

Test 5. Lesen Sie den folgenden Text und entscheiden Sie, welches Wort (a, b oder c) in die Lücken 1–10 passt.

Sehr geehrte Damen und Herren,

seit mehr (1) fünf Jahren wohne ich nun schon in der Amalienstraße 25 und war immer zufrieden mit meiner Wohnung und der Umgebung. Vor einigen Wochen hat im Café im Haus Nummer 23 der Besitzer gewechselt. (2) ist es mit der Ruhe und dem Frieden vorbei, denn jetzt ist es kein Café mehr, (3) eine Kneipe, die bis Mitternacht (4). Bei (5) Wetter stehen die Tische bis zum Schluss draußen. Der Lärm ist manchmal unerträglich, man kann gar nicht daran denken, vor Mitternacht (6) Bett zu gehen. Hinzu kommt der Gestank vom Kochen und, was viel schlimmer ist, vom Abfall, denn der Besitzer und das Personal achten nicht sehr auf Sauberkeit. Es wird nicht lange dauern, bis hier ernste Probleme entstehen.

Ich habe bereits mehrfach versucht, mit dem Besitzer zu sprechen, leider ohne Erfolg. (7) möchte ich (8) bitten, sich dieses Problems anzunehmen. Ich hoffe, (9) kann eine Lösung (10), und verbleibe

mit freundlichem Gruß

Christian Kröger

1. a) als
   b) wenn
   c) wie

2. a) Daher
   b) Danach
   c) Seitdem

3. a) als
   b) sondern
   c) sowohl

4. a) geöffnet ist
   b) geöffnet wird
   c) öffnet

5. a) gute
   b) gutem
   c) guten

6. a) im
   b) in
   c) ins

7. a) Dafür
   b) Dazu
   c) Deshalb

8. a) Ihnen
   b) euch
   c) Sie

9. a) das
   b) dass
   c) es

10. a) finden
    b) gefunden werden
    c) gefunden wird

2 Sprachbausteine: Wortschatz (Teil 2)

Test 1. Lesen Sie den folgenden Text und entscheiden Sie, welches Wort aus dem Kasten (a–o) in die Lücken 1–10 passt. Sie können jedes Wort im Kasten nur einmal verwenden. Nicht alle Wörter passen in den Text.
Situation: Sie haben im Internet ein Sprachkursangebot gefunden, das Sie genauer interessiert.

Deutsch am Abend
ca. 8 Wochen Unterricht am Abend
- **Kursorte:** Berlin, Bonn, Frankfurt/M. und München
Auskünfte, Termine und Preise auf Anfrage direkt bei den Instituten

Sehr geehrte Damen und Herren,

ich interessiere mich sehr für Ihr Sprachkurs-Angebot „Deutsch am Abend", hätte aber (1) noch ein paar Informationen (2) diesem Kurs:
– Wann und wo findet der Kurs statt?
– (3) Unterrichtsstunden werden pro Abend angeboten?
– Wie viel kostet der Kurs?
– Ist in dem Preis (4) ein Kultur- und Freizeitprogramm enthalten?

Ich habe vor (5) Zeit die Prüfung zum „Zertifikat Deutsch" (6) der Note „gut" bestanden. Aber ich (7) meine Deutschkenntnisse noch verbessern. Sind die Abendkurse für mich geeignet? Oder würden Sie mir (8) Kurse empfehlen? Diese Kurse (9) aber nicht vor 18 Uhr beginnen, (10) ich tagsüber arbeite.

Mit freundlichen Grüßen

Miguel Fernandez

a) andere	i) möchte
b) auch	j) müssten
c) da	k) über
d) denn	l) viel
e) dürften	m) welche
f) einiger	n) Wie viele
g) gerne	o) zu
h) mit	

1. _____   6. _____
2. _____   7. _____
3. _____   8. _____
4. _____   9. _____
5. _____   10. _____

Übungen — Sprachbausteine: Wortschatz

Test 2. Lesen Sie den folgenden Text und entscheiden Sie, welches Wort aus dem Kasten (a – o) in die Lücken 1–10 passt. Sie können jedes Wort im Kasten nur einmal verwenden. Nicht alle Wörter passen in den Text.

Sehr geehrte Damen und Herren,

hiermit bewerbe ich mich (1) die von Ihnen (2) Teilzeit-Stelle.

Nach meiner Ausbildung zur Bürokauffrau habe ich fünf Jahre lang in meinem Beruf gearbeitet, (3) ich eine „Baby-Pause" eingelegt habe.

Ich bin verheiratet, habe zwei Kinder, eine sechsjährige Tochter und einen dreijährigen Sohn, der seit einem Monat den Kindergarten (4).

(5) suche ich für vormittags eine Teilzeitbeschäftigung, nach Möglichkeit in meinem Beruf. (6) bin ich an Ihrem Angebot sehr (7). Über eine Einladung zu einem Vorstellungsgespräch (8) ich mich sehr freuen.

Während der „Baby-Pause" habe ich mich in meinem Beruf (9): Ich habe an mehreren Kursen der VHS und der IHK zum Einsatz des PC bei der Textverarbeitung und der Kalkulation teilgenommen.

Weitere Einzelheiten entnehmen Sie bitte den (10) Bewerbungsunterlagen.

Mit freundlichen Grüßen

Sophia Wagner

Bürokauffrau in Teilzeit gesucht. Bewerbungen unter Chiffre 3994

a) angebotene	i) gelernt
b) beiliegenden	j) gesuchte
c) besucht	k) hätte
d) bis	l) interessiert
e) denn	m) Nun
f) Deshalb	n) um
g) fortgebildet	o) würde
h) für	

1. _____   6. _____
2. _____   7. _____
3. _____   8. _____
4. _____   9. _____
5. _____   10. _____

Test 3. Lesen Sie den folgenden Text und entscheiden Sie, welches Wort aus dem Kasten (a – o) in die Lücken 1–10 passt. Sie können jedes Wort im Kasten nur einmal verwenden. Nicht alle Wörter passen in den Text.
Situation: Sie möchten gerne neue Menschen kennen lernen und haben die folgende Anzeige gefunden und antworten darauf.

> **Bettina, 23.** Wer möchte im Sommer seinen **Urlaub** (kein Rucksackurlaub) **mit mir verbringen?** Entweder auf einer **griechischen Insel** oder auf den **Kanaren**. Ich möchte gern Land und Leute kennen lernen, aber zwischendurch auch am Strand faulenzen. Schreibt: Postlagernd, Kennwort: Hellas, 66578 Schiffweiler 2.

Liebe Bettina,

als ich deine Anzeige gelesen habe, habe ich mir gedacht: Das ist eine gute Gelegenheit, jemanden (1) zu lernen, der sich (2) für die Menschen in fremden Ländern interessiert.

Ich bin (3), 25 Jahre alt, auf Kreta geboren und aufgewachsen, (4) ich mit 11 Jahren nach Deutschland gekommen bin. Seitdem lebe ich (5), besuche aber, so oft ich kann, meine „alte" Heimat.

Kreta ist eine wunderschöne Insel, die (6) bietet: Weite Strände, einsame Bergregionen, antike Kultur und gastfreundliche Menschen. Besonders schön ist es im Mai, (7) alles blüht und es außerdem auch noch nicht so heiß ist – obwohl mir die Hitze (8) ausmacht.

Also: Ich möchte dich (9) einladen, zwei Wochen (oder vielleicht auch mehr) mit mir auf Kreta zu verbringen. Ich (10) dir dann die Schönheit meiner geliebten Heimat zeigen und dich mit vielen Menschen bekannt machen.

Ich warte gespannt auf deine Antwort

Viele Grüße

Eleni Kazikis

a) alles	i) könnte
b) bis	j) müsste
c) dort	k) nichts
d) Griechin	l) viele
e) griechisch	m) wann
f) herzlich	n) wenn
g) hier	o) wirklich
h) kennen	

1. _____   6. _____
2. _____   7. _____
3. _____   8. _____
4. _____   9. _____
5. _____   10. _____

Sprachbausteine: Wortschatz — Übungen

Test 4. Lesen Sie den folgenden Text und entscheiden Sie, welches Wort aus dem Kasten (a–o) in die Lücken 1–10 passt. Sie können jedes Wort im Kasten nur einmal verwenden. Nicht alle Wörter passen in den Text.
Situation: Sie haben in einem Prospekt den folgenden Text gefunden und interessieren sich für den Kurs.

> Winword 97 – Textverarbeitung für Fortgeschrittene
> EDV-Grundkenntnisse vorausgesetzt – Kopf- und Fußzeilen – Fußnoten – Tabellen – Feldfunktionen – Format- und Dokumentvorlagen – Gliederung – Spaltenlayout – Serienbriefe – Einfügen von Grafiken und Objekten – Einstieg in EXCEL

Sehr geehrte Damen und Herren,

ich interessiere mich (1) den von (2) angebotenen Kurs „WINWORD 97 – Textverarbeitung für Fortgeschrittene". (3) ich mich (4) diesem Kurs anmelde, hätte ich aber (5) ein paar Fragen:

Welche Grundkenntnisse werden vorausgesetzt? Ich habe bisher noch keinen Grundkurs (6), kann (7) schon Texte auf dem Computer schreiben.

(8) bedeutet der Preis in Klammern: „(82,50)"? Ist das eine Ermäßigung für bestimmte Leute, oder (9) man den Kurs auch nur zur Hälfte und zum halben Preis buchen?

Könnten Sie mir (10) Fragen kurz beantworten? Vielen Dank.

Mit freundlichen Grüßen

Helma Letmanen

a) aber	i) jene
b) besucht	j) kann
c) Bevor	k) muss
d) das	l) noch
e) diese	m) teilgenommen
f) euch	n) Was
g) für	o) zu
h) Ihnen	

1. _____   6. _____
2. _____   7. _____
3. _____   8. _____
4. _____   9. _____
5. _____ 10. _____

Test 5. Lesen Sie den folgenden Text und entscheiden Sie, welches Wort aus dem Kasten (a–o) in die Lücken 1–10 passt. Sie können jedes Wort im Kasten nur einmal verwenden. Nicht alle Wörter passen in den Text.
Situation: In einer Zeitschrift haben Sie die folgende Anzeige gefunden und antworten darauf.

> **Patrizia, 20.** Ich sammle Ansichtskarten aus der ganzen Welt und würde mich freuen, ganz tolle und ganz viele geschickt zu bekommen. Schreibt an Patrizia Pianti, Via E. de Nicola, 1, I-07041 Alghero (SS), Italia

Liebe Patrizia,

eine der (1) beiliegenden Ansichtskarten ist aus meiner Heimat Ungarn.

Ich bin (2) in der Nähe von Budapest geboren und aufgewachsen. (3) der Budapester Universität studiere ich Germanistik.

(4) aber bin ich in Freiburg, wo ich (5) Semester lang studiere. Freiburg ist eine wunderschöne Stadt im Schwarzwald, (6) du auf der Ansichtskarte sehen kannst.

Ich würde mich (7) freuen, wenn du mir auch (8) eine oder zwei Ansichtskarten aus deiner Heimat schicken würdest. Ich würde auch gerne (9), wo ungefähr Alghero liegt – im Norden, in der Mitte oder im Süden (10) Italien?

Ich freue mich auf deine Antwort.

Viele Grüße

István Petneki

a) An	i) viel
b) beiden	j) von
c) ein	k) vor kurzem
d) erfahren	l) wie
e) erkennen	m) wo
f) mal	n) Zur Zeit
g) nämlich	o) zweiten
h) sehr	

1. _____   6. _____
2. _____   7. _____
3. _____   8. _____
4. _____   9. _____
5. _____ 10. _____

3 Hörverstehen

Globalverstehen	Detailverstehen	Selektives Verstehen
= Thema/Meinung/Aktivität/ Hauptaussage verstehen	= genaues Verstehen / alles im Detail verstehen	= eine bestimmte Information heraushören

Welche Aufgabe (1.–9.) gehört zu den 3 Formen des Verstehens? Notieren Sie die Nummern.

Aufgaben:

1. Notieren Sie die Sportresultate.   2. Wie gefällt den Zuhörern die Sendung?   3. Welche Probleme hatte die Familie bei der Wohnungssuche?   4. Was kostet die Wohnung?   5. Auf welche Anzeige reagiert Herr Hein?   6. Welches Gespräch passt zu dem Foto?   7. Was ist genau passiert?   8. Wo treffen sich Anna und Georg?   9. Was soll Marianne alles machen?

Globalverstehen	Detailverstehen	Selektives Hören
2.,		

Lesen Sie die Statements und die Tipps.

Ich verstehe normalerweise ganz gut. Aber gleichzeitig die Aufgaben lesen, zuhören und ankreuzen – das kann ich nicht! Carmen	Ich höre erst zu. Wenn der Text zu Ende ist, dann kreuze ich die Lösungen an. Aber oft erinnere ich mich dann nicht mehr an Details. Susan	Oft gibt es so viele Geräusche im Hintergrund. Das ärgert mich und dann kann ich nicht mehr konzentriert zuhören. Ismail
Ich will beim ersten Hören alles lösen, aber das kann ich nicht. Beim zweiten Hören löse ich wieder alles und verpasse die wichtigen Stellen. Jorge	Ich will immer alles ganz genau verstehen. Jedes Wort ist für mich wichtig. Die Hörtexte sind deshalb oft zu schnell für mich. Gabor	Ich verstehe gut und kann erzählen, was ich gehört habe. Aber wenn ich sagen muss: „richtig", „falsch", werde ich ganz unsicher! Maria

PRÜFUNGSTIPP:

– Zuerst Aufgaben und Fragen genau lesen:
  Schlüsselwort markieren.
– Passende Hörstrategie anwenden:
  Sie müssen nicht immer alles verstehen!
– Hören Sie:
  Markieren Sie die mögliche Lösung sofort.

Globalverstehen (1x hören)	**Detailverstehen** (2x hören) Aufgaben sind chronologisch	**Selektives Hören** (2x hören)
• Textausschnitt ganz hören, erst dann ankreuzen	• Immer die nächste Aufgabe auch mit ansehen! • 1. Hören: mögliche Lösung mit Punkt markieren; 2. Hören: Lösung überprüfen, ankreuzen	• Was genau soll herausgehört werden (Zahl, Datum, Person, Ort)?

Welchen Tipp können Sie wem geben? Welche Schwierigkeiten haben Sie auch?

Machen Sie jetzt die Hörtests S. 27–29.

3 Hörverstehen – Globalverstehen (Teil 1)

Test 1. *Sie hören fünf Aussagen zum Thema „Sport". Sie hören diese Texte nur einmal. Markieren Sie: Richtig oder falsch?*

	richtig	falsch
1. Der erste Sprecher treibt regelmäßig Sport und schaut Sport im Fernsehen.	☐	☐
2. Die zweite Sprecherin treibt keinen Sport und findet, dass Sport im Fernsehen überflüssig sei.	☐	☐
3. Der dritte Sprecher interessiert sich nicht für Sport und treibt auch keinen Sport.	☐	☐
4. Die vierte Sprecherin hat früher keinen Sport getrieben. Heute ist sie aktiv.	☐	☐
5. Der fünfte Sprecher braucht den Sport, um allein zu sein. Ohne Sport ginge es ihm nicht gut.	☐	☐

Test 2. *Sie hören fünf Interviews zum Thema „Die Deutschen im Lottofieber". Zu jedem Interview gibt es eine Aussage. Markieren Sie bei jeder Aussage, ob sie richtig oder falsch ist. Sie hören die Texte nur einmal.*

	richtig	falsch
1. Die erste Frau spielt dieses Mal auch Lotto, obwohl sie einen Gewinn für unwahrscheinlich hält.	☐	☐
2. Der erste Mann spielt manchmal Lotto und gewinnt auch manchmal etwas. Diesmal spielt er nicht.	☐	☐
3. Der zweite Mann spielt oft Lotto, um sich eines Tages seinen Traum, in den Bergen zu leben, erfüllen zu können.	☐	☐
4. Die zweite Frau spielt dieses Mal Lotto. Wenn sie gewinnt, will sie mit Freunden feiern.	☐	☐
5. Der dritte Mann meint, dass man beim Lottospielen nur Geld verliert, das man besser einsetzen könnte.	☐	☐

Test 3. *Sie hören fünf Texte zum Thema „Ost- und Westdeutschland". Zu jedem Text gibt es eine Aussage. Entscheiden Sie bei jeder Aussage, ob sie richtig oder falsch ist. Sie hören die Texte nur einmal.*

	richtig	falsch
1. Der erste Sprecher kommt aus dem Osten und findet die Vereinigung keine gute Sache.	☐	☐
2. Die zweite Sprecherin findet die Vereinigung insgesamt positiv.	☐	☐
3. Der dritte Sprecher findet es schade, dass sich Ost- und Westdeutsche nicht verstehen.	☐	☐
4. Der vierte Sprecher findet, dass die Vereinigung viele Vorteile brachte.	☐	☐
5. Die fünfte Sprecherin findet es schade, dass von der anfänglichen Freude über die Vereinigung nicht viel geblieben ist.	☐	☐

3 Hörverstehen – Detailverstehen (Teil 2)

Test 1. Sie hören einen Radiobeitrag zum Thema „Straßenmusik". Zu diesem Beitrag gibt es 10 Aussagen. Entscheiden Sie bei jeder Aussage, ob Sie richtig oder falsch ist. Sie hören den Beitrag zweimal.

	richtig	falsch
1. Dieser Musiker kann von seiner Straßenmusik leben.	☐	☐
2. Der höchste Betrag, den er von jemandem bekommen hat, war 100 DM.	☐	☐
3. Leute, die vielleicht gerade Erfolg hatten, geben manchmal viel Geld.	☐	☐
4. Die Fußgängerzone in München ist kein guter Platz für Musiker.	☐	☐
5. Ein Musiker musste Strafe zahlen, weil er zu viel Publikum hatte.	☐	☐
6. Die Leute bleiben stehen, wenn sie neue Musikstücke hören.	☐	☐
7. Alle Geschäftsleute sind gegen die Straßenmusik.	☐	☐
8. Er findet, dass es sinnvoll ist, dass man eine Genehmigung braucht.	☐	☐
9. Er findet, dass er mehr verdienen könnte, wenn er jeden Tag spielen würde.	☐	☐
10. Manchmal spielen auch ganz bekannte Musiker auf der Straße.	☐	☐

Test 2. Sie hören ein Interview mit dem Jungunternehmer Thomas Hoffmann. Zu dem Interview gibt es 10 Aussagen. Entscheiden Sie bei jeder Aussage, ob sie richtig oder falsch ist. Sie hören das Interview zweimal.

	richtig	falsch
1. Thomas Hoffmann ist 17 Jahre alt.	☐	☐
2. Seine Computerspiele kann man in den Geschäften kaufen.	☐	☐
3. Er hat als Kind selbst viel am Computer gespielt.	☐	☐
4. Es war interessanter, Spiele selbst zu machen, als einfach damit zu spielen.	☐	☐
5. Sein Vater hat ihm vorgeschlagen, eine eigene Firma zu gründen.	☐	☐
6. Es war nicht schwer, Kunden für seine Produkte zu finden.	☐	☐
7. Das Konzept für ein neues Produkt ist immer schnell ausgearbeitet.	☐	☐
8. Er liebt die Abwechslung und den Kontakt zu anderen Menschen.	☐	☐
9. Er wäre gerne für einige Zeit ins Ausland gegangen.	☐	☐
10. Er arbeitet mit seinen Freunden zusammen.	☐	☐

Test 3. Sie hören einen Radiobeitrag zum Thema „Junge Erwachsene in Deutschland". Zu diesem Beitrag gibt es 10 Aussagen. Entscheiden Sie bei jeder Aussage, ob sie richtig oder falsch ist. Sie hören den Beitrag zweimal.

	richtig	falsch
1. Sonja Siebert ist 23 Jahre alt.	☐	☐
2. Sie träumt von einem eigenen Friseursalon.	☐	☐
3. Die Bank will ihr kein Geld geben.	☐	☐
4. Sie wollte Friseurin werden, weil es ein angesehener Beruf war.	☐	☐
5. Einmal Haare schneiden kostete in der DDR für Männer 1,35 Mark.	☐	☐
6. In der DDR wurde vom Staat bestimmt, wie man das Haar schneiden musste.	☐	☐
7. Sonja Siebert möchte gerne ganz besondere Frisuren machen.	☐	☐
8. Nach dem Mauerfall konnte sie sich ihre Wünsche endlich erfüllen.	☐	☐
9. Venedig hat ihr und ihrem Freund gefallen.	☐	☐
10. Sie wünscht sich, dass sie mit ihrem Salon genügend verdient.	☐	☐

3 Hörverstehen – Selektives Verstehen (Teil 3)

Test 1. Sie hören fünf kurze Texte. Zu jedem Text gibt es eine Aussage. Entscheiden Sie bei jeder Aussage, ob sie richtig oder falsch ist. Sie hören die Texte zweimal.

	richtig	falsch
1. Sie kommen aus Basel und fahren auf der A5 Basel – Karlsruhe, als ein Falschfahrer gemeldet wird. Der Falschfahrer kommt Ihnen entgegen.	☐	☐
2. Wie wird das Wetter heute? Die Temperaturen steigen heute in den Tälern bis auf 36 Grad.	☐	☐
3. Sie wollen das Thema der Sendung „Sonntags um eins" wissen. Thema der Sendung ist das Wissen.	☐	☐
4. Sie hören eine Radiosendung, bei der die Hörer anrufen können. Die Telefonnummer lautet: 07221 20 25.	☐	☐
5. Sie fahren auf der Autobahn in Richtung Karlsruhe. Was meldet der Sprecher? Es hat einen Unfall mit dem Falschfahrer gegeben.	☐	☐

Test 2. Sie hören fünf kurze Texte. Zu jedem Text gibt es eine Aussage. Entscheiden Sie bei jeder Aussage, ob sie richtig oder falsch ist. Sie hören die Texte zweimal.

	richtig	falsch
1. Es ist Dienstagmorgen 8.30 Uhr. Sie müssen dringend jemanden von der Firma Leitner erreichen. Sie können am Dienstag erst ab 9 Uhr jemanden erreichen.	☐	☐
2. Eine Bekannte lädt Sie ein und erklärt den Weg. Hinter dem Museum die dritte Straße rechts.	☐	☐
3. Sie wollen einen Katalog bestellen und rufen beim Service von Möbel Wagner an. Sie drücken die Tasten: 4 – 2.	☐	☐
4. Sie suchen eine Wohnung. Die Wohnung ist im Tannenweg 4.	☐	☐
5. Sie müssen dringend Thomas Klinger erreichen. Die Handy-Nummer lautet: 0714/5 36 99 28.	☐	☐

Test 3. Sie hören fünf kurze Texte. Zu jedem Text gibt es eine Aussage. Entscheiden Sie bei jeder Aussage, ob sie richtig oder falsch ist. Sie hören die Texte zweimal.

	richtig	falsch
1. Sie warten in Kassel auf den ICE nach Frankfurt. Der Zug fährt gleich in den Bahnhof ein.	☐	☐
2. Wie wird das Wetter am Wochenende? Es bleibt kalt und sonnig.	☐	☐
3. Sie möchten heute Abend den Film „Bin ich schön?" sehen. Der Film läuft um Viertel vor neun im Filmpalast.	☐	☐
4. Sie wollen endlich ins Flugzeug nach New York einsteigen. Sie haben einen Platz in Reihe 15. Sie gehören zu den ersten Passagieren, die einsteigen dürfen.	☐	☐
5. Es ist Mittwoch, elf Uhr dreißig. Sie müssen dringend Elektro Fischer erreichen. Sie können um 15 Uhr jemanden im Büro erreichen.	☐	☐

Hinweise zum Schriftlichen Ausdruck (Brief)

Schriftlicher Ausdruck (Brief)

Lesen Sie die Tipps. Welche sind für Sie besonders wichtig?

PRÜFUNGSTIPP: Brief schreiben = sich orientieren – strukturieren – schreiben – korrigieren

Vor dem Schreiben:	Beim Schreiben:	Nach dem Schreiben:
1. Lesen Sie die Aufgabe und den Text genau. – Was muss/möchte der andere wissen? – Was möchten Sie wissen? 2. Was wollen Sie schreiben? Notieren Sie 4 Inhaltspunkte. 3. Sortieren Sie die 4 Punkte. Bearbeitungszeit in der Prüfung: 30 Minuten	4. Notieren Sie das Datum. Wählen Sie eine passende Anrede und Schlussformel. 5. Schreiben Sie 1–2 einleitende Sätze. 6. Schreiben Sie zu jedem der 4 Inhaltspunkte 2–3 Sätze. 7. Sprechen Sie die Person im Brief persönlich an.	8. Korrigieren Sie den Text: – Anrede und Schlussformel? – 4 Inhaltspunkte genannt? – Wortwahl? – Hauptsätze: Verb an 2. Stelle? – Nebensätze: Verb am Ende? – Verb + Personalform? – Tempus? – Endungen? = Substantive → Artikel? → Kasus?

Sie haben diese Anzeigen gefunden / Corinnas Brief bekommen und möchten darauf reagieren. Machen Sie Ihren Notizzettel. Notieren Sie unten 4 Inhaltspunkte.

Urlaub im Allgäu....
...dort, wo sich Ort und Erleben zu einer unvergesslichen Zeit vereinen!
2,5 Std. von Zürich entfernt und in der Nähe des weltbekannten Märchenschlosses Neuschwanstein.
Bitte fordern Sie unseren Haus- und Aktionswochen-Prospekt an.

Kur- und Ferienhotel „Bergruh"
D-87629 Füssen - Weissensee im Allgäu

Autogenes Training
Abschalten · Entspannen · Auftanken
Neuer Kurs ab 24. 5., 8 Lektionen, 1x wöchentl. in Kleingruppen (280 DM) oder einzeln.
Dr. phil. Elisabeth Braun, Psychologin, Grellstr. 34, 81929 München

---

Hamburg, den 23.5.

Liebe(r) _____,
heute haben wir den Flug reserviert. Am 16. war schon alles voll. Deshalb haben wir jetzt für den 17. reserviert. Ich hoffe, das ist für dich okay. Wir sind schon ganz aufgeregt und freuen uns sehr, dich wieder zu sehen und deine Familie kennen zu lernen. Hast du einen Wunsch, was wir dir mitbringen sollen? Wenn du einverstanden bist, würden wir gerne vier Tage bei euch bleiben und dann in Richtung Norden weiterfahren. Andreas hat zwei Reiseführer gekauft, aber leider sind die Bücher ziemlich verwirrend. Was meinst du, was sollten wir uns ansehen? Wie lange sollten wir wo bleiben?
Bis bald!
Deine Corinna

Wenden Sie die Tipps 3–4 an. Vergleichen Sie Ihre Notizen. Schreiben Sie einen der drei Briefe (Tipps 5–7).

Urlaub im Allgäu	Autogenes Training	Brief von Corinna
4 Inhaltspunkte: • • • •	4 Inhaltspunkte: • • • •	4 Inhaltspunkte: • • • •
Anrede und Schlussformel:	Anrede und Schlussformel:	Anrede und Schlussformel:

Stoppen Sie die Zeit. Korrigieren Sie (Tipp 8). Machen Sie die Tests S. 31–33.

4 Schriftlicher Ausdruck (Brief)

Test 1. Sie haben von einem deutschsprachigen Freund einen Brief bekommen.

> Liebe/r ...,
>
> na, wie war deine erste Woche in Deutschland? Hat mit der Reise und deinem Zimmer alles geklappt? Wie ist's im Sprachkurs?
>
> Stell dir vor, ich bin letzte Woche beim Stadtmarathon in Berlin mitgelaufen. Die ersten 30 Kilometer ging es ganz gut, aber dann hatte ich eine Krise, weil ich wohl zu wenig getrunken hatte, und die letzten 5 Kilometer waren schrecklich. Aber ich wollte durchhalten und hab's geschafft! Zwar bin ich nur auf Platz 735 gekommen, aber ich bin durchs Ziel gekommen, und das ist die Hauptsache. Im nächsten Jahr werde ich mich noch besser vorbereiten. Vielleicht schaffe ich es ja, unter die ersten 500 zu kommen. Wirst du während deines Sprachaufenthaltes Sport treiben?
>
> Lass mal was von dir hören. Und wenn du irgendetwas brauchst, melde dich bitte.
> Herzliche Grüße
>
> Frank

Antworten Sie auf den Brief. Schreiben Sie etwas zu den Punkten unten. Bringen Sie die Punkte in eine sinnvolle Reihenfolge.

- Bitten Sie Ihren Freund / Ihre Freundin um einen Gefallen oder einen Rat.
- Erzählen Sie:
  - Was für Sport treiben Sie?
  - Wie war die erste Woche?
  - Sie haben ein Fußballspiel besucht: Bayern München gegen ...

Test 2. Sie haben diesen Leserbrief in der Zeitung gefunden.

> **Verbietet die Straßenmusik!**
>
> Zu STRASSENMUSIKANTEN IMMER BELIEBTER *von Maria Reuke in der SZ vom 10. September.*
>
> Ich bin mit Ihrem Artikel überhaupt nicht einverstanden. Sie haben ein viel zu positives Bild von der Straßenmusik. Straßenmusik mag für Touristen und Passanten interessant sein, als Geschäftsmann und Anwohner ist man aber immer gestört. Oft ist die Musik so laut, dass man die Musik bei mir im Laden nicht mehr hört. Clowns, Pantomime und Jongleure haben oft so viel Publikum, dass man nicht mehr vorbeikommt. Wir brauchen strengere Regeln oder sollten so etwas gleich ganz verbieten.
>
> *Klaus Mörtl, München*

Leider kennen Sie den Zeitungsartikel, auf den reagiert wird, nicht, aber Sie meinen, auf diesen Leserbrief muss man einfach reagieren. Schreiben Sie einen kurzen Leserbrief dazu. Schreiben Sie etwas zu den Punkten unten. Bei Leserbriefen brauchen Sie keine Anrede, aber Ihren Namen und Ihre Adresse.

- Was denken Sie über Straßenmusik?
- Welche Bedeutung hat für Sie / für Ihre Kultur Musik?
- Beschweren Sie sich über die Kritik an Straßenmusik.
- Fordern Sie zu mehr Toleranz auf.

Test 3. Sie haben auf der Internet-Seite eines Radiosenders diese Seite gefunden:

Schreiben Sie an den Radiosender. Benutzen Sie die vier Punkte.

- Können Sie sich vorstellen, im Internet jemanden kennen zu lernen?
- Welche Vor- und Nachteile könnte das Internet für das Leben haben?
- Wie stellen Sie sich ein Treffen im Internet vor?
- Macht Internet einsam?

Test 4. Sie werden für einige Monate nach Hamburg gehen und brauchen deshalb eine Unterkunft. Sie wissen nicht, wie Sie am besten ein Zimmer finden können. Glücklicherweise haben Sie Bekannte in Hamburg, die Ihnen gerade geschrieben haben.

> Herzliche Grüße aus den Dolomiten!
> Nach zwei herrlichen Wochen in den sonnigen Bergen müssen wir morgen wieder zurück nach Hamburg. Wir haben uns sehr gefreut zu hören, dass du vielleicht für ein paar Monate nach Deutschland kommst. Schreib, wenn du Neuigkeiten hast oder wenn wir dir irgendwie helfen können.
>
> Christine + Max

Schreiben Sie den Bekannten. Reagieren Sie auf die Karte und fragen Sie sie um Rat.

Fragen Sie nach:

- Hamburger Zeitungen
- Wohnungspreisen
- Tipps, um ein Zimmer zu finden.

Schreiben Sie,

- wie man bei Ihnen ein Zimmer findet.

Schriftlicher Ausdruck (Brief) — **Übungen**

Test 5. *Sie haben Probleme an Ihrem Arbeitsplatz.*

Schade und Söhne
Friedrichstraße 145
23562 Lübeck

27. 6. ...

Kündigung des Arbeitsverhältnisses

Sehr geehrter Herr ... / Sehr geehrte Frau ...,

aus betrieblichen Gründen kündigen wir fristgemäß zum 30.9. das mit Ihnen seit dem 1.3. 1991 bestehende Arbeitsverhältnis.

Mit freundlichen Grüßen

Olga Miller

Schreiben Sie einem guten Freund / einer guten Freundin. Erzählen Sie ihm/ihr von Ihren Problemen. Benutzen Sie die Vorgaben.

- Erzählen Sie, wie Sie sich die Zukunft vorstellen.
- Fragen Sie um Rat.
- Erklären Sie, warum Sie gekündigt wurden.
- Sagen Sie, was Sie gegen die Kündigung unternehmen möchten.

Test 6. *Sie haben diesen Werbezettel in der Buchhandlung mitgenommen und sind von der Idee, an vier Abenden Märchen zu hören, begeistert.*

Melden Sie sich schriftlich an. Schreiben Sie etwas zu den vier Punkten unten. Überlegen Sie sich eine sinnvolle Reihenfolge.

> Es war einmal ein Prinz, der wollte immer Märchen hören...
> in Sommernächten
>
> **Märchen am Feuer**
> zum Wiederhören
> von Frau Wolle
> im Halbdunkel ums Kerzenfeuer
> werden finstere und helle Geschichten erzählt,
> die Ihr vielleicht schon kennt...
>
> „...denn es hieß, der Geist der Skalettfrau gehe dort um ...
> Frau mit der Wolle, Spinnerin, lag nur Faden und Spindel hin..."
>
> Nur mit **Voranmeldung**, weil der Platz am Feuer begrenzt ist –
> ruft 0 512-57 22 21 an.
>
> Wann: jeweils um 20.30   am 26. August, Mittwoch und am
> 27. 8., Donnerstag; 28. 8., Freitag; 29. 8., Samstag; 30. 8., Sonntag
>
> Wo: Im wunderschönen Innenhof **Kiebachgasse 10**
> (neben Munding und Schlüsseldienst) in der Altstadt
>
> Eintritt: 100.– ... und vielleicht eine Kerze ... (80 Talente)
>
> "...Jahre vergingen,

- Stellen Sie Fragen zu der Veranstaltung.
- Bedeutung von Märchen in Ihrer Kultur?
- Ihre Erwartungen an die Veranstaltung.
- Ihr Interesse für diese Veranstaltung.

Hinweise zum Mündlichen Ausdruck: Einzelprüfung/Paarprüfung

Mündlicher Ausdruck

Es gibt beim Zertifikat Deutsch zwei verschiedene Arten von mündlicher Prüfung: die „Einzelprüfung" oder die „Paarprüfung". Es kommt darauf an, wo Sie die Prüfung machen. Suchen Sie Unterschiede zwischen Einzel- und Paarprüfung.

Mündliche Prüfung: Einzelprüfung

Vorbereitungszeit: keine

Teil 1: Kontaktaufnahme
Material: –
Ablauf: Der Prüfer / Die Prüferin stellt Fragen zur Person.

Teil 2: Gespräch über ein Thema
Material: Informationen zu einem Thema (Foto/Statistik und kurzer Text); 2 Themen zur Wahl
Aufgabe: Informationen geben / Meinung sagen / Erfahrungen erzählen

Teil 3: Gemeinsam eine Aufgabe lösen
Material: Notizzettel mit 6–8 Stichwörtern
Aufgabe: mit dem Prüfer / der Prüferin etwas planen/vorbereiten usw.

Prüfungsdauer: ca. 15 Minuten

Mündliche Prüfung: Paarprüfung

Vorbereitungszeit: 15 Minuten (individuell)

Teil 1: Kontaktaufnahme
Material: 6 Stichwörter
Aufgabe: einander Fragen stellen/beantworten

Teil 2: Gespräch über ein Thema
Material: Informationen zu einem Thema (Foto/Statistik und kurzer Text); unterschiedliche Informationen
Aufgabe: Informationen/Meinungen austauschen, Erfahrungen erzählen

Teil 3: Gemeinsam eine Aufgabe lösen
Material: Notizzettel mit 6–8 Stichwörtern (gleiche Informationen)
Aufgabe: gemeinsam etwas planen/vorbereiten usw.

Prüfungsdauer: ca. 15 Minuten

Lesen Sie die Tipps.

PRÜFUNGSTIPP: Ein Gespräch führen = aktiv sein und aufeinander eingehen

– Impulse geben / ausführlich antworten / das Gespräch steuern
– Pausen vermeiden
– Reaktionen beobachten und aufnehmen

Besonderheiten:

Gesprächsverhalten:

1. Einzelprüfung: <u>Teil 3</u>: Rolle des Prüfers / der Prüferin beachten:
   – Freund / familiäre Situation: Prüfer(in) darf geduzt werden;
   – bleiben Sie im Zweifelsfall beim „Sie". (s. a. S. 41)

2. Paarprüfung: <u>Teil 1–3</u>: das Wort weitergeben / den anderen direkt ansprechen (z. B. Und du? Was meinst du? ...)

Vorbereitungszeit optimal nutzen:

<u>Teil 2</u>: Was sollen Sie genau machen?
z. B. berichten, Meinung sagen, Meinung begründen:
– zu jedem Punkt Hauptinformationen in Stichworten notieren

<u>Teil 3</u>: Gemeinsam eine Aufgabe lösen:
– in Stichworten einen Vorschlag und eine Alternative notieren

Wie können Sie Ihre Meinung sagen, etwas begründen, das Wort weitergeben? Sammeln und notieren Sie gute Formulierungen.

Meinung sagen	*Ich denke, ...*
etwas begründen	*Ich bin darauf gekommen, weil ...*
das Wort weitergeben	*Und du, was meinst du?*

Machen Sie die Tests S. 35–40.

Mündlicher Ausdruck, Teil 1: Kontaktaufnahme

Teilnehmende/r A/B

Test 1. Heute beginnt Ihr Deutschkurs. Sie haben sich in der Anfangszeit geirrt und sind eine halbe Stunde zu früh da. Aber Sie sind nicht allein. Unterhalten Sie sich mit Ihrem Partner / Ihrer Partnerin. Fragen Sie nach / Sagen Sie etwas zu den folgenden Punkten:

- Herkunft
- Sprachkenntnisse
- Name
- Schreibweise des Namens
- Beruf/Schule

Test 2. Sie haben ein Zimmer in einer Wohnung gefunden. Sie kennen Ihren Mitbewohner / Ihre Mitbewohnerin noch nicht. Unterhalten Sie sich über folgende Themen:

- Name
- alte Wohnung
- Was macht er/sie?
- Herkunft
- Familie/Geschwister
- Gewohnheiten

Test 3. Sie und Ihr Partner / Ihre Partnerin haben den ersten Arbeitstag. Stellen Sie sich vor und versuchen Sie, möglichst viel übereinander zu erfahren.

- Name
- Familienstand
- Berufserfahrungen
- Charakter
- Ausbildung

Test 4. Sie reisen nicht gern allein und haben sich deshalb über eine Agentur einen Reisepartner / eine Reisepartnerin vermitteln lassen. Sie sehen sich zum ersten Mal. Versuchen Sie möglichst viele Informationen über Ihren Partner / Ihre Partnerin herauszufinden.

- Name
- Interessen
- Beruf
- Vorlieben/Gewohnheiten
- Reiseerfahrungen
- Erwartungen an die Reise

Mündlicher Ausdruck, Teil 2: Gespräch über ein Thema

Teilnehmende/r A

Test 1. Sehen Sie sich die Statistik und das Foto an. Lesen Sie den Text.

Die Zahl der Personen, die Mitglied in Sportvereinen sind, ist in Deutschland hoch. Fußball ist der in Deutschland beliebteste Sport. Über Fußball wird nicht nur in den Medien viel berichtet, sondern viele Personen sind auch selbst Mitglied in einem Fußballclub. Schon die Kinder sind organisiert und träumen vom Erfolg.

a) Informieren Sie Ihren Partner / Ihre Partnerin über die Aussagen.
b) Erzählen Sie Ihrem Partner / Ihrer Partnerin, was Sie über organisierten Sport denken und ob Sie Mitglied in einem Sportverein sind.

Test 2. Lesen Sie den Leserbrief.

VERLUST AN VIELFALT

Zu NEUER SENDER FÜR SÜDWESTDEUTSCHLAND *von Thomas Bleicher in den SN vom 10. September.*

Ich finde es schrecklich, von morgens bis abends Musik zu hören. Dafür schätze ich guten Journalismus, höre gerne gute Informationssendungen, Berichte aus aller Welt, bei denen ich wirklich Neues erfahre. Manchmal höre ich auch Hörspiele, niveauvolle Gesprächssendungen und experimentelle Musik. Wenn andere vor dem Fernseher sitzen, höre ich Radio. Daher finde ich es bedauerlich, dass die finanziellen Entwicklungen es nötig machen, dass große Sender sich zu noch größeren zusammenschließen. Man sieht schon heute, dass die Qualität der Programme immer schlechter wird. Und je weniger Radiosender es gibt, desto geringer ist die Vielfalt an Programmen und Sendungen. Ich hoffe, auch große Sender vergessen die wirklichen Zuhörer nicht.

Erwin Schäuble, Tübingen

---

a) Berichten Sie Ihrem Partner / Ihrer Partnerin von dem Leserbrief.
b) Was hören Sie gerne im Radio? Meinen Sie auch, dass die Programme immer schlechter werden? Erzählen Sie.

Mündlicher Ausdruck, Teil 2: Gespräch über ein Thema

Teilnehmende/r B

Test 1. *Sehen Sie sich die Statistik und das Foto an.*

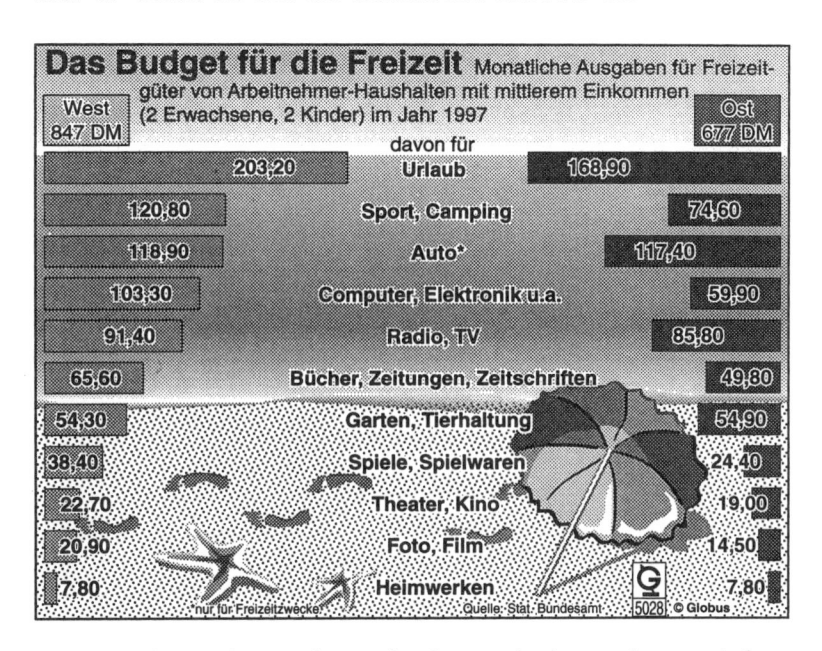

Das Budget für die Freizeit Monatliche Ausgaben für Freizeitgüter von Arbeitnehmer-Haushalten mit mittlerem Einkommen (2 Erwachsene, 2 Kinder) im Jahr 1997

West 847 DM — Ost 677 DM

davon für:

West		Ost
203,20	Urlaub	168,90
120,80	Sport, Camping	74,60
118,90	Auto*	117,40
103,30	Computer, Elektronik u.a.	59,90
91,40	Radio, TV	85,80
65,60	Bücher, Zeitungen, Zeitschriften	49,80
54,30	Garten, Tierhaltung	54,90
38,40	Spiele, Spielwaren	24,40
22,70	Theater, Kino	19,00
20,90	Foto, Film	14,50
7,80	Heimwerken	7,80

*nur für Freizeitzwecke. Quelle: Stat. Bundesamt. © Globus

Die Deutschen geben nicht nur für ihren Urlaub, sondern auch für den Sport viel Geld aus. Sportartikel für Trendsportarten sind teuer und für die Industrie ein gutes Geschäft.

a) *Informieren Sie Ihren Partner / Ihre Partnerin über die Aussagen.*
b) *Erzählen Sie Ihrem Partner / Ihrer Partnerin, was Sie über Sport denken und ob Sie Sport treiben.*

Test 2. *Lesen Sie den Leserbrief.*

RADIO NUR FÜR ALTE LEUTE?

Zu NEUER SENDER FÜR SÜDWESTDEUTSCHLAND *von Thomas Bleicher in den SN vom 10. September.*

Früher habe ich oft Ihren Sender gehört. Aber in letzter Zeit habe ich den Eindruck, dass Sie Ihr Programm nur noch für ein älteres Publikum machen. Ich höre vor allem morgens nach dem Aufstehen Radio. Das Radioprogramm soll mir helfen, wach zu werden. Aber in letzter Zeit schlafe ich wieder ein! Seit dem Zusammenschluss der beiden Radiosender ist das Programm schlechter geworden. Sie spielen nur noch Musik für Dreißig- bis Sechzigjährige, aber nichts mehr für uns Jugendliche. Ich brauche auch die ganzen Kurzberichte zwischen der Musik nicht. Sie stören mich. Ich finde, die Jugendlichen sollten ihr Programm selber machen. Dann würde es uns sicher gefallen. Ich habe den Sender gewechselt und höre nur noch die privaten Radiosender, und solange sich nichts ändert, werde ich das weiterhin tun.

Claudia Kaiser, Freiburg i.Br.

a) *Berichten Sie Ihrem Partner / Ihrer Partnerin von dem Leserbrief.*
b) *Was hören Sie gerne im Radio? Wollen Sie auch vor allem Musik hören? Erzählen Sie.*

Mündlicher Ausdruck, Teil 2: Gespräch über ein Thema

Teilnehmende/r A

Test 3. *Sehen Sie sich die Grafik an und lesen Sie den Text.*

So denken Ostdeutsche über Westdeutsche
Treffen die folgenden Eigenschaften zu?

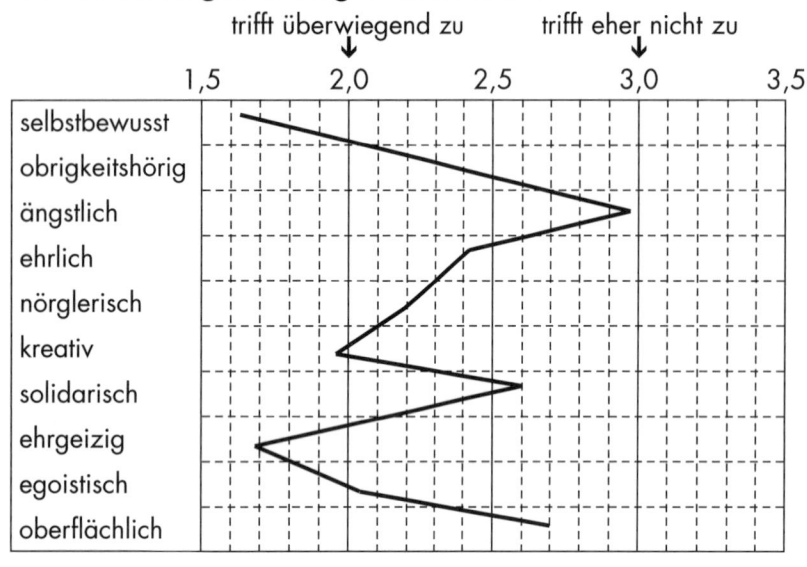

trifft überwiegend zu ↓ (2,0)   trifft eher nicht zu ↓ (3,0)

Eigenschaft	
selbstbewusst	
obrigkeitshörig	
ängstlich	
ehrlich	
nörglerisch	
kreativ	
solidarisch	
ehrgeizig	
egoistisch	
oberflächlich	

Auch zehn Jahre nach der Wiedervereinigung sind die Westdeutschen und die Ostdeutschen noch nicht zusammengewachsen. Die Vorurteile sind immer noch groß. Das zeigt eine vom deutschen Nachrichten-Magazin „DER SPIEGEL" in Auftrag gegebene Emnid-Umfrage.

Skala von 1,5 (trifft voll und ganz zu) bis 3,5 (trifft überhaupt nicht zu)

Worterklärung:
obrigkeitshörig: jemand, der Autoritäten (Chefs, Vorgesetzten, Politikern) alles glaubt
nörglerisch: jemand, der mit nichts zufrieden ist / über alles schimpft

a) Erzählen Sie Ihrem Partner / Ihrer Partnerin, was die Ostdeutschen über die Westdeutschen denken.
b) Erzählen Sie, welche Meinungen es in Ihrem Land von anderen Menschen gibt.

Test 4. *Sehen Sie sich das Foto an und lesen Sie den Text.*

Obwohl die meisten Deutschen ihren Urlaub in Österreich verbringen, träumen viele von südlichen Ländern und einem Urlaub unter Palmen. Es ist der Wunsch, wenigstens im Urlaub eine andere Landschaft zu erleben.

Wer aus dem Flachland kommt, fährt gerne in die Berge, wer aus eher wechselhaftem Klima kommt, ist froh, einmal ein paar Wochen im Jahr nur Sonne zu genießen.

Und doch sind viele wieder froh, nach drei Wochen wieder zu Hause zu sein.

a) Erzählen Sie Ihrem Partner / Ihrer Partnerin von Ihrem Foto.
b) Erzählen Sie von den Landschaften in Ihrem Land und welche Bedeutung sie für Sie haben.

Mündlicher Ausdruck, Teil 2: Gespräch über ein Thema

Teilnehmende/r B

Test 3. Sehen Sie sich die Grafik an und lesen Sie den Text.

So denken Westdeutsche über Ostdeutsche
Treffen die folgenden Eigenschaften zu?

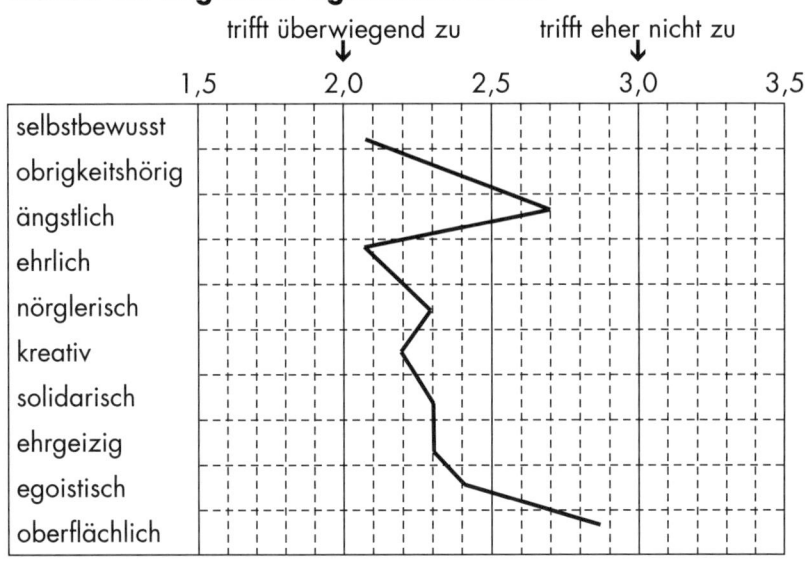

trifft überwiegend zu ↓   trifft eher nicht zu ↓

Skala: 1,5 — 2,0 — 2,5 — 3,0 — 3,5

- selbstbewusst
- obrigkeitshörig
- ängstlich
- ehrlich
- nörglerisch
- kreativ
- solidarisch
- ehrgeizig
- egoistisch
- oberflächlich

Auch zehn Jahre nach der Wiedervereinigung sind die Westdeutschen und die Ostdeutschen noch nicht zusammengewachsen. Die Vorurteile sind immer noch groß. Das zeigt eine vom deutschen Nachrichten-Magazin „DER SPIEGEL" in Auftrag gegebene Emnid-Umfrage.

Skala von 1,5 (trifft voll und ganz zu) bis 3,5 (trifft überhaupt nicht zu)

Worterklärung:
- obrigkeitshörig: jemand, der Autoritäten (Chefs, Vorgesetzten, Politikern) alles glaubt
- nörglerisch: jemand, der mit nichts zufrieden ist / über alles schimpft

a) Erzählen Sie Ihrem Partner / Ihrer Partnerin, was die Westdeutschen über die Ostdeutschen denken.
b) Erzählen Sie, welche Meinungen es in Ihrem Land von anderen Menschen gibt.

Test 4. Sehen Sie sich das Foto an und lesen Sie den Text.

Ob Metropolen wie New York, San Francisco, Vancouver, Wien, Amsterdam und Berlin oder eher kleine Städte wie z.B. Heidelberg, Städte haben ihre eigene Faszination.

Der Baustil, die Geschichte und auch die Menschen in einer Stadt sind sehr unterschiedlich. Die Bewohner passen sich an die Lebensbedingungen an, genießen die Vorteile und lernen mit den Nachteilen zu leben.

Die ideale Stadt bleibt ein Traum, der wohl nie verwirklicht werden kann.

a) Erzählen Sie Ihrem Partner / Ihrer Partnerin von Ihrem Foto.
b) Erzählen Sie von Städten in Ihrem Land und welche Bedeutung sie für Sie haben.

Mündlicher Ausdruck, Teil 3: Gemeinsam eine Aufgabe lösen

Teilnehmende/r A/B

Test 1. Sie machen im Moment einen Sprachaufenthalt in Deutschland. Am Wochenende wollen Sie mit Ihrem Partner / Ihrer Partnerin nach Köln. Machen Sie Ihr Programm. Sie haben sich einen Notizzettel gemacht. Überzeugen Sie Ihren Partner / Ihre Partnerin von Ihren Ideen.

Wochenende in Köln
- *Kölner Dom*
- *Rievkooche* essen!*
- *Museum für Ostasiatische Kunst*
- *einkaufen: Hohe Straße*
- *Schwebebahn über den Rhein*
- *Volksgarten*
-
-
-

Samstag	30	Sonntag	31

* (Reibekuchen) aus geriebenen Kartoffeln in Fett goldgelb ausgebackene flache, runde Kuchen. Wenn man in Köln aus dem Hauptbahnhof kommt, riecht der ganze Bahnhofsplatz danach.

Test 2. Sie feiern an Ihrer Sprachschule ein kleines Fest. Jeder bereitet etwas vor. Sie und Ihr Partner / Ihre Partnerin wollen Geschichten aus Ihrem Land erzählen. Bereiten Sie Ihren Auftritt vor. Sie haben sich ein paar Notizen gemacht, was Sie alles vorbereiten müssen.

- **Was erzählen?**
  Thema? _____
  Titel? _____
- **Wie erzählen?**
  Raum: _____
  Requisiten: _____
  Kleidung: _____
- **Wer organisiert was?**
  ich: _____
  mein Partner / meine Partnerin: _____

Test 3. Sie arbeiten seit vielen Jahren als LKW-Fahrer/in und müssen oft länger arbeiten. Sie möchten etwas dagegen tun und besprechen sich deshalb mit einem Kollegen / einer Kollegin. Planen Sie Ihre Aktivitäten zusammen.

- Zahl der Überstunden pro Woche
- Was tun?
- Wer bezahlt?
- Wie können die anderen zum Mitmachen gebracht werden?
- Wer macht was?
- Wen ansprechen?

Mündlicher Ausdruck, Einzelprüfung

Ihre Informationen und Materialien:

Teil 1: Kontaktaufnahme

Sie führen mit dem Prüfer / der Prüferin ein kurzes Gespräch. Sie sprechen über sich und Ihre Interessen.
• Stellen Sie sich kurz vor.
• Der Prüfer / Die Prüferin wird Ihnen dann ein paar Fragen zu Ihrer Person stellen.

So kann Ihr Prüfer / Ihre Prüferin reagieren:

Fragen zur Person:
– Name/Wohnort/Herkunftsland/Familie …
Fragen zu Erfahrungen und Interessen:
– Auslandsaufenthalte/Sprachenlernen/Interessen
Weitere Fragen, die sich aus dem Gespräch ergeben.

Teil 2: Gespräch über ein Thema

Womit wir unsere Zeit verbringen

- Schlafen: 25 Jahre
- Fernsehen: 8,3 Jahre
- Arbeiten: 7,5 Jahre
- Essen: 6 Jahre
- Hausarbeit: 5 Jahre
- Warten: 5 Jahre
- Körperpflege: 4,1 Jahre
- Träumen: 4 Jahre
- Bücher lesen: 6,9 Monate
- Sport: 4,4 Monate
- Schlüssel suchen: 3 Monate
- Rasieren: 76 Tage
- Lippenstift auftragen: 11 Tage

Durchschnittswerte, berechnet für eine Lebensdauer von 75 Jahren

Aus P.M.

Viele Menschen haben heute den Eindruck, dass sie zu wenig Zeit haben. Sieht man sich die Statistik an, so verbringen die Deutschen mehr Zeit vor dem Fernseher als bei der Arbeit und lesen nur wenig.

Fragen der Prüferin / des Prüfers zum Thema:

• Warum haben Sie dieses Thema gewählt?
• Welche Informationen gibt die Grafik?
• Ich war erstaunt, dass wir so viel Zeit mit Warten verbringen. Was hat Sie erstaunt?

Fragen zu Ihrem persönlichen Bezug zum Thema:

• Verbringen die Menschen in Ihrem Land auch so viel Zeit mit Fernsehen/Hausarbeit …?
• Wie verbringen Sie Ihre Zeit?
• Wofür hätten Sie gerne mehr Zeit?

Weitere Fragen, die sich aus dem Gespräch ergeben.

Teil 3: Gemeinsam eine Aufgabe lösen

Ihr Freund Tom feiert in zwei Wochen seinen 30. Geburtstag. Er findet, das sei kein Grund zum Feiern. Sie sind anderer Meinung und wollen ihn mit einem Fest überraschen.
Planen Sie gemeinsam mit Ihrem Gesprächspartner / Ihrer Gesprächspartnerin das Fest. Überlegen Sie, was Sie alles tun müssen und wer welche Aufgabe übernimmt. Das sind Ihre Notizen (Sie beginnen):

Überraschungsparty
• Was genau?
• Wer wird eingeladen?
• Essen
• Getränke
• Wer organisiert was?
• Wer bezahlt was?

Der Prüfer / Die Prüferin plant mit Ihnen gemeinsam das Fest. Sie beginnen und machen Vorschläge. Der Prüfer / Die Prüferin ist nicht immer einverstanden, sondern macht Einwände oder Gegenvorschläge.
Er/Sie könnte zum Beispiel sagen:

• Ich weiß nicht, ob das eine so gute Idee ist.
• Wird das nicht etwas zu teuer?
• Oh, dazu habe ich keine Zeit.

Satzbausteine und Satzmuster

Ü1 Lesen Sie den Text. Entscheiden Sie, welches Wort aus dem Kasten passt. Notieren Sie den Buchstaben.

Liebe Jenny,

wegen des Radiointerviews solltest du dir nicht zu viele Gedanken machen. Das geht bestimmt (1). Aber was auch geschieht, bleibe (2). Das Interview dauert nicht (3). Sobald du das Studio betrittst, kümmert sich ein Redakteur um (4). Sei pünktlich da, denn normalerweise brauchst du noch (5) zur Vorbereitung. Und dann bist du (6) dran. Die Redakteure sind (7). Sie lassen dich normalerweise (8). Aber sie sagen (9) Meinung. Sonst würde das Interview (10) werden.
Ich wünsche dir viel Glück!
Bis bald
Brigitte

a) dich	f) ihre	k) sagen
b) einige Minuten	g) lange	l) seine
c) erzählen	h) langweilig	m) sofort
d) falsch	i) nett	n) um dich
e) gut	j) ruhig	o) zu lang

1. _____   5. _____   9. _____
2. _____   6. _____   10. _____
3. _____   7. _____
4. _____   8. _____

Ü2 Welches Wort passt? Notieren Sie den Buchstaben.

Liebe Nadine,

Sebastian hat (1) von deinem Umzug erzählt. Ich dachte, er sei erst in zwei Monaten. Aber da habe ich (2) wohl geirrt. Leider haben wir (3) nicht mehr gesehen. Ich bin gerade (4) Ferienjob zurück. Es war (5)! Ich musste den ganzen Tag Fisch (6) packen. Man riecht nicht (7) danach. Ich kann den Job (8) empfehlen. Aber die Landschaft war schön. Ich bin jeden Abend (9) gegangen. Aber jetzt geht (10) die Schule wieder los.
Wie geht es dir in Hamburg? Wie ist deine neue Wohnung? Vielleicht sehen wir uns mal!
Herzliche Grüße
Karsten

a) am Strand	f) gut	k) niemandem
b) ans Meer	g) hin	l) schrecklich
c) deine	h) in Dosen	m) sich
d) die	i) mich	n) uns
e) für mich	j) mir	o) vom

1. _____   5. _____   9. _____
2. _____   6. _____   10. _____
3. _____   7. _____
4. _____   8. _____

Ü3 Richtig oder falsch? Korrigieren Sie den Brief. Notieren Sie die richtigen Textpassagen.

Lieber Karsten,

über deinen Brief habe ich sehr gefreut (1). Ich will dich gleich antworten (2).
Es geht mir hier in Hamburg (3). Ich habe einer kleinen Wohnung gefunden (4) und wohne jetzt in 5. Stock (5). Meine Eltern haben meine alten Möbel mir gebracht (6). Man kann mit meinem alten Zimmer die Wohnung nicht vergleichen (7). Sie ist mitten in der Stadt. Ich kann direkt vor meiner Haustür in den Bus einsteigen (8). Das ist wirklich angenehm. Ich würde dir sie gerne einmal zeigen (9).
Schreibe mir doch einmal deine Termine (10).
Bis bald!
Nadine

1. _____
2. _____
3. _____
4. _____
5. _____
6. _____
7. _____
8. _____
9. _____
10. _____

Wiederholung: Grammatik

Ü4 Schreiben Sie die Sätze.

1. besuchen / dich / gerne / Sebastian und ich / würden
2. Ich / habe / Lust / auf einen Ausflug
3. das Auto / bekommt / Sebastian / von seiner Mutter
4. die Fahrt / nicht so teuer / So / wird
5. bleiben / in Hamburg / nur einen Tag / Wir
6. Am Samstag / es / geht / immer / uns / bei
7. am Sonntag / kann / nie / Sebastian
8. Er / hilft / im Café / seinen Eltern
9. auf das Wiedersehen / freuen / uns / Wir
10. bringen / dein Fahrrad / dir / mit / Wir

Bis bald!

Karsten

Liebe Nadine,
_____
_____
_____
_____
_____
_____
_____
_____
_____
_____

Ü5 Ordnen Sie die Ergänzungen und Angaben. Notieren Sie die Reihenfolge.

Lieber Markus,
1. a) bin / b) gezogen / c) ich / d) in mein WG-Zimmer
2. a) das Zimmer / b) gefällt / c) gut / d) mir
3. a) bezahle / b) für das Zimmer / c) ich / d) nicht viel
4. a) die anderen / b) in der Wohngemeinschaft / c) nett / d) sind
5. a) gut / b) verstehen / c) uns / d) wir
6. a) am Freitag / b) ich / c) komme / d) nach Köln
7. a) bringe / b) deine Bücher / c) dir / d) ich / e) mit
8. a) Andreas / b) fährt / c) hier / d) mich / e) zum Bahnhof
9. a) abholen / b) ihr / c) könnt / d) mich / e) vom Bahnhof
10. a) am Haupteingang / b) auf / c) euch / d) ich / e) warten / f) werde

Bis Freitag!   Silvia

1. _____
2. _____
3. _____
4. _____
5. _____
6. _____
7. _____
8. _____
9. _____
10. _____

Ü6 Welches Wort passt? Notieren Sie den Buchstaben.

Familien ziehen aufs Land

Immer mehr Menschen geben ihre Wohnung in der Stadt auf und ziehen (1) in billige Wohnungen an den Stadtrand. Vor allem Familien mit Kindern können die teuren Mieten (2) bezahlen. Doch es gibt auch Nachteile. Viele Arbeitnehmer fahren (3) viele Kilometer (4) ihrem Arbeitsplatz. Einige fahren in überfüllten öffentlichen Verkehrsmitteln zur Arbeit. Andere stehen (5) im Stau und verlieren (6) wertvolle Zeit. Die Kosten für das Auto sind ebenfalls hoch.
Aber die Städteplaner haben (7) Fehlern der letzten Jahre gelernt. Während (8) einfach Wohnblöcke gebaut wurden, sorgt man heute immer mehr dafür, dass (9) kleine Dörfer mit Geschäften und einem Freizeitangebot entstehen. Das Leben am Stadtrand wird (10) immer beliebter.

a) aus den	f) dort	k) sehr viel
b) an den	g) früher	l) so
c) besser	h) gut	m) stundenlang
d) bis zu	i) kaum mehr	n) täglich
e) deshalb	j) lieber	o) zur

1. _____   5. _____   9. _____
2. _____   6. _____   10. _____
3. _____   7. _____
4. _____   8. _____

Wiederholung: Grammatik

Ü7 a) Ergänzen Sie die Angaben.

Privatdetektiv Müller freut sich auf zu Hause

Privatdedektiv Müller ging (1) ___ (2) ___ (3) ___ nach Hause. Er freute sich (4) ___ auf seine gemütliche Wohnung. Er hatte (5) ___ nur mit den negativen Seiten des Lebens zu tun. (6) ___ hasste er seinen Beruf. Er wollte (7) ___ ein Bad nehmen. (8) ___ wollte er (9) ___ (10) ___ seine neuste CD hören und dann sein Buch weiterlesen. Er hatte (11) ___ mit unerfreulichen Dingen zu tun. Er las (12) ___ nie Bücher, die ihn an seinen (13) ___ Arbeitsalltag erinnerten. Er las vor allem historische Romane und (14) ___ auch Liebesgeschichten. Niemand durfte davon wissen. Er konnte (15) ___ (16) ___ träumen. Und das wollte er (17) ___ tun.
Im Treppenhaus brannte Licht. Müller ging (18) ___ mit großen Schritten die Stufen (19) ___ hoch. Seine Wohnungstür stand weit offen, aber (20) ___ war es dunkel. Sofort dachte er an seine speziellen Kunden. Vorsichtig betrat Müller seine Wohnung.

a) an diesem Abend
b) bei einem Glas Wein
c) Dann
d) deshalb
e) heute
f) immer
g) in aller Ruhe
h) Manchmal
i) manchmal
j) müde
k) normalen
l) schnell
m) schon den ganzen Tag
n) in den 4. Stock
o) in der Wohnung
p) so
q) so viel
r) vom Büro
s) von einer besseren Welt
t) zuerst

Ü7 b) Ergänzen Sie die Angaben.

Nichts war (1) ___ zu hören. Müller wartete (2) ___. (3) ___ schaltete er das Licht ein. Er sah sich (4) ___ um. Als er im Flur nichts Außergewöhnliches entdecken konnte, öffnete er die Tür zum Wohnzimmer. (5) ___ sah alles normal aus, nichts schien zu fehlen, alles war am richtigen Platz. Auch seine wertvolle Taschenuhr war noch da.
Hatte er (6) ___ die Wohnungstür offen gelassen, als er (7) ___ das Haus verließ? War die Tür schon (8) ___ offen? Müller zog seinen Mantel aus, ging (9) ___ zur Wohnungstür und schloss sie leise. Als er sich (10) ___ aufs Sofa setzen wollte, fiel sein Blick auf einen Zettel. Müller hob ihn auf. Es war ein Brief.

a) bevor
b) bis gestern
c) danach
d) Dann
e) den ganzen Tag
f) deswegen
g) einen Moment
h) gerade
i) Hier
j) immer
k) in der Wohnung
l) morgens
m) seit dem Morgen
n) vielleicht
o) vorsichtig

Ü8 Welche Angabe passt? Kreuzen Sie an.

Hallo, Müller,
das hätten Sie (1) ___ nicht gedacht, dass ich (2) ___ in Ihre Wohnung komme. Sie sind der Grund, weshalb ich ein Jahr (3) ___ musste.
Ich hatte mir (4) ___ vorgenommen, dass ich Sie besuchen werde, wenn ich wieder (5) ___ bin. Es war (6) ___ schwer, herauszufinden, womit ich Sie ärgern kann. Ich weiß, dass (7) ___ ein kleiner Kommissar (8) ___ etwas verdient. Ich habe (9) ___ auch keinen Schmuck erwartet. Dafür habe ich (10) ___ etwas viel Wertvolleres mitgenommen. Finden Sie heraus, was es ist!
Ein alter Bekannter

1. a) erst
   b) sofort
   c) wohl
2. a) dort
   b) extra
   c) nachdem
3. a) hier
   b) weg
   c) woher
4. a) damals
   b) etwa
   c) morgen
5. a) draußen
   b) in Ferien
   c) kaum

6. a) bevor
   b) sofort
   c) wirklich
7. a) dort
   b) heute
   c) kaum
8. a) erst
   b) viel
   c) kaum
9. a) ganz schnell
   b) hier
   c) morgens
10. a) jetzt
    b) soviel
    c) immer

Wiederholung: Grammatik

Hauptsatz und Satzklammer

Ü1 *Entscheiden Sie: Welche der drei Tempusformen passt? Kreuzen Sie an.*

Fremdsprachen werden immer wichtiger

Die Bedeutung von Fremdsprachen (1) sich in Deutschland im Laufe der letzten 50 Jahre sehr (1). Während früher nur wenige Menschen eine Fremdsprache (2), (3) heute jedes Kind in der Schule mindestens eine andere Sprache (3). In Zukunft (4) es aber noch mehr Sprachen (4). Denn schon heute (5) man nicht nur im Urlaub, sondern vor allem im Arbeitsleben mit immer mehr verschiedenen Sprachen in Kontakt (5). Deshalb (6) wir in Zukunft mehr und bessere Fremdsprachenkenntnisse (6). Die Diskussion über die Veränderungen des Fremdsprachenunterrichts in den Schulen (7) zwar schon vor einigen Jahren (7), bis man die Änderungen einführt, (8) es aber oft lange (8). Heute (9) noch viele Menschen, die mehr als zwei Fremdsprachen (10), die Sprache erst als Erwachsene (9).

1. a) hat ... verändert
   b) verändert ... –
   c) veränderte ... –
2. a) sprachen
   b) sprechen
   c) gesprochen haben
3. a) hat ... gelernt
   b) lernt ... –
   c) lernte ... –
4. a) werden ... –
   b) werden ... werden
   c) wurden ... –
5. a) kam ... –
   b) kommt ... –
   c) wird ... kommen
6. a) brauchten ... –
   b) haben ... gebraucht
   c) werden ... brauchen
7. a) begann ... –
   b) beginnt ... –
   c) hat ... begonnen
8. a) dauert ... –
   b) hat ... gedauert
   c) wird ... dauern
9. a) lernten ... –
   b) haben ... gelernt
   c) werden ... lernen
10. a) sprachen ... –
    b) sprechen ... –
    c) sprechen werden

Ü2 *Ergänzen Sie die passende Verbform.*

abschließen   beschließen   gehen   gehen   gehen   kommen   ~~leben~~   lernen   sein   sein   verlieben   verbringen

Franca ist Italienerin und ____lebt____ (0) in Verona _____–_____ (0). Vor eineinhalb Jahren _____ (1) sie sich in Andreas _____ (1). Andreas _____ (2) aus Graz in Österreich _____ (2). Im letzten Jahr _____ (3) er ein paar Monate in Verona _____ (3). Seitdem _____ (4) Franca und Andreas ein Paar. Als Andreas zurück nach Graz _____ (5), waren beide sehr traurig. Sie _____ (6), dass Franca auch nach Graz _____ (7), sobald sie ihre Ausbildung _____ (8). Seitdem _____ (9) sie zweimal in der Woche Deutsch _____ (9). In drei Monaten _____ (10) sie nun endlich zu Andreas nach Graz _____ (10).

Ü3 *Notieren Sie das Verb im passenden Tempus.*

Liebe Lisa,

als ich das erste Mal in die Schweiz (1. kommen), (2. sein) ich etwas überrascht. Bevor ich in die Schweiz (3. fahren), (4. denken) ich immer, dass man von jeder Stadt die Berge (5. sehen können). Als ich dann meine Freunde (6. besuchen), (7. enttäuscht sein) ich, weil man weit und breit keine Berge (8. sehen können). In den nächsten Tagen (9. herumreisen) wir etwas. Am besten (10. gefallen) es mir im Berner Oberland. Du musst dir unbedingt die Gegend ansehen, wenn du schon in der Nähe bist. ...

1. _____
2. _____
3. _____
4. _____
5. _____
6. _____
7. _____
8. _____
9. _____
10. _____

Wiederholung: Grammatik

Ü4 *Ergänzen Sie die Verbformen im Konjunktiv.*

Der Zeuge sagt, der Autofahrer _____ (1) die Mozartstraße entlang gefahren. Die Ampel an der Kreuzung _____ rot _____ (2), aber er _____ (3) einfach weitergefahren. Zum Glück _____ (4) keine Autos gekommen. Gleich nach der Kreuzung _____ (5) dann plötzlich ein Hund zwischen den parkenden Autos vorgelaufen. Der Autofahrer _____ (6) gebremst und eine Sekunde später _____ (7) es geknallt. Die Autos hinter ihm _____ (8) nicht mehr rechtzeitig bremsen _____ (9).
Leute _____ (10) gekommen und _____ (11) geschaut, was passiert _____ (12). Eine Frau, die dazugekommen _____ (13), _____ (14) gesagt, jemand _____ (15) den Krankenwagen rufen! Er _____ (16) auch gleich mit der Polizei telefonieren! Als die Polizisten dann kamen, sagten sie, die Leute _____ (17) weggehen, es gäbe nichts zu sehen. Aber es _____ (18) immer mehr Menschen gekommen und _____ (19) zusehen wollen. Niemand _____ (20) mehr vorbei können.

Ü5 *Ergänzen Sie die fehlenden Verbformen im Passiv.*

In den letzten Wochen (berichten) _____ mehrfach _____ (1), dass es in einigen Arbeitsgruppen teilweise zu schweren Computerproblemen gekommen ist, wobei wichtige Daten von Computerviren (zerstören) _____ _____ (2). Auf der letzten Konferenz (beschliessen) _____ deshalb _____ (3), dass ein Virenprogramm auf allen Computern (installieren) _____ _____ (4), damit in Zukunft der Verlust von Daten (vermeiden können) _____ _____ _____ (5). Weiterhin (hinweisen) _____ darauf _____ (6), dass es nur dem Verantwortlichen (erlauben) _____ _____ (7), neue Software zu installieren. Von der Direktion (entscheiden) _____ in der letzten Woche _____ (8), einen Computerspezialisten einzustellen. Im nächsten Monat (ausschreiben) _____ die Stelle eines Informatikers _____ (9) und so schnell wie möglich (besetzen) _____ _____ (10).

Ü6 *Ergänzen Sie die passenden Modalverben.*

Privatdetektiv Müller zwischen Märchen und Wirklichkeit

Privatdetektiv Müller saß an seinem Schreibtisch, die Füße auf dem Tisch. Nur selten _____ (1) er seinen Arbeitstag so ruhig wie heute verbringen. „Das _____ (2) am schönen Wetter liegen", dachte er, „was _____ (3) da schon passieren!" Er hätte zwar noch eine Menge Büroarbeiten machen _____ (4), aber er _____ (5) sich wirklich was Besseres vorstellen. „Man _____ (6) auch mal eine Pause machen", dachte er bei sich. Und obwohl man im Büro nicht rauchen _____ (7), steckte er sich eine Zigarette an. Wenn ihn seine Assistentin Bea so sehen _____ (8), wäre sie entsetzt. An diese Ruhe _____ (9) er sich direkt noch gewöhnen, dachte er und entschloss sich, sich einen Kaffee zu kochen. Gerade als er aufstehen _____ (10), klingelte das Telefon.
Die Person am anderen Ende sprach zu leise, so dass Müller nicht heraushören _____ (11), ob es eine Männer- oder eine Frauenstimme war. „Sie _____ (12) lauter sprechen. Ich _____ (13) sie kaum verstehen", sagte Müller ungeduldig. „Das geht nicht. Ich _____ (14) Sie nicht anrufen, aber ich _____ (15) es einfach tun." „Was _____ (16) ich für Sie tun?", fragte Müller. „Jeden Abend um sieben Uhr kommt ein junger Mann an die Brücke und wirft eine Rose in den Fluss." „Was _____ (17) denn dabei Besonderes sein?", sagte Müller. „Sie _____ (18) mich nicht für verrückt halten, Herr Privatdetektiv, Sie _____ (19) sich das unbedingt selber ansehen." Müller schüttelte den Kopf. „Warum _____ (20) ich mir ansehen, wie jemand Blumen ins Wasser wirft?" Erst war es still am anderen Ende, aber dann sagte der Anrufer leise: „Weil er auf einem Teppich geflogen kommt", und legte auf.

Wiederholung: Grammatik

Nebensatz und Nebensatzklammer

Ü1 *Welche Konjunktion passt? Kreuzen Sie an.*

Liebe Gabi,
was hältst du davon, am Wochenende zum Skilaufen in die Alpen zu fahren? Peter, Stefan und ich hatten gestern, (1) wir von alten Zeiten geträumt haben, diese tolle Idee. Es ist (2) ziemlich weit, aber (3) wir zusammen mit einem Auto fahren, wird's billiger. Wir könnten schon in der Nacht losfahren, (4) wir am Morgen schon da sind. (5) einer fährt, könnten die anderen schlafen.
(6) wir vorhatten, uns regelmäßig zu sehen, ist es schon so lange her, (7) wir etwas zusammen gemacht haben. (8) wird es mal wieder höchste Zeit! Stell dir vor: Wir sind in den sonnigen Alpen, (9) es hier in Dortmund regnet! Also komm mit und ruf an, (10) wir uns Zimmer reservieren können.
Herzliche Grüße
Birgit

1. a) als
   b) obwohl
   c) wenn
2. a) aber
   b) denn
   c) zwar
3. a) damit
   b) weil
   c) wenn
4. a) dass
   b) damit
   c) weil
5. a) Denn
   b) Weil
   c) Während
6. a) Obwohl
   b) Trotz
   c) Trotzdem
7. a) als
   b) damit
   c) dass
8. a) Da
   b) Dann
   c) Dass
9. a) als
   b) während
   c) und
10. a) damit
    b) dass
    c) weil

Ü2 *Verbinden Sie die Sätze mit „während", „anstatt (... zu)", „ohne dass" oder „ohne ... zu".*

Der Fall der Mauer wäre nicht möglich gewesen, _____ (1) die Menschen im Osten auf die Straße gegangen sind. _____(2) Hunderte von DDR-Bürgern die Botschaft in Budapest besetzten, begannen zunächst Einzelne in der DDR zu protestieren. _____(3) in der besetzten Botschaft in Budapest viele auf ihre Ausreise warteten, verhandelten die Politiker darüber, wie man das Problem lösen könnte. _____(4) die Menschen wieder zurück in ihr Land zu schicken, durften sie ausreisen. _____(5) die Situation durch die Ausreise der Personen, die die Botschaft besetzt hatten, zu beruhigen, begannen immer mehr Menschen zu protestieren. Es protestierten immer mehr Menschen, _____(6) es möglich gewesen wäre, sie zu beruhigen. _____(7) viele zunächst vor allem die Reisefreiheit haben wollten, richtete sich der Protest zunehmend gegen die bestehende Regierung. Eine Beendigung der Demonstrationen wäre nicht möglich gewesen, _____(8) das Leben von vielen Menschen zu gefährden. _____(9) mit Gewalt wurde der Protest durch friedliche Mittel beendet. Die Mauer fiel, _____ (10) Menschen verletzt wurden.

Ü3 *Notieren Sie die fehlenden Relativpronomen.*

Liebe Anne,
herzlichen Dank für das Buch, (1) du mir zum Geburtstag geschenkt hast. Du weißt, ich lese Bücher, (2) Autor ich noch nicht kenne, immer sofort. Um ehrlich zu sein, ich habe von dem Autor, (3) Buch du mir geschenkt hast, noch nie etwas gehört. Geschichten, in (4) Tiere wie Menschen handeln, habe ich seit der Schulzeit nicht mehr gelesen. Aber die Texte, (5) ich bisher gelesen habe, haben mir wirklich gut gefallen. Mir gefällt, dass der Autor für seine Geschichten, mit (6) Moral ich übrigens nicht immer einverstanden bin, ungewöhnliche Tiere genommen hat. In den Fabeln, (7) ich als Kind gelesen habe, waren die Eigenschaften, (8) ein Tier hatte, immer klar. Es gab die Ameise, (9) wichtigste Eigenschaft der Fleiß war. In diesen Texten muss man die Eigenschaften der Tiere selber finden, und das gefällt mir. Am besten gefallen hat mir die Geschichte mit dem Nashorn, (10) die Welt verändern will.

1. _____
2. _____
3. _____
4. _____
5. _____
6. _____
7. _____
8. _____
9. _____
10. _____

Wiederholung: Grammatik

Konjugation

Ü1 *Ergänzen Sie die passende Verbform.*

Lieber Tim,
du wolltest wissen, wie unsere Urlaubswoche war. Nun, wir sind nach Passau gefahren und drei Tage dort (1. bleiben). Dann haben wir uns Fahrräder (2. leihen) und unsere Campingausrüstung (3. aufladen) und sind losgefahren. Wir hatten nur wenig (4. mitnehmen). In der ersten Nacht haben wir dann sehr (5. frieren). Die Fahrt selber war sehr schön, aber mit den Hügeln hatten wir Probleme. Wir sind oft von unseren Fahrrädern (6. absteigen) und haben sie (7. schieben). Das war aber auch ziemlich anstrengend. Am dritten Tag hatten wir einen kleinen Unfall. Ein anderer Radfahrer, der uns (8. entgegenkommen), war zu schnell. Er konnte nicht mehr rechtzeitig stoppen. Er (9. stoßen) mich um. Dabei habe ich mir die Hand verletzt. Leider waren wir deshalb (10. zwingen), früher umzukehren. Ich glaube, im nächsten Jahr machen wir wieder einen ruhigen Urlaub. (...)

1. _____
2. _____
3. _____
4. _____
5. _____
6. _____
7. _____
8. _____
9. _____
10. _____

Ü2 a) *Ergänzen Sie die fehlenden Formen des Partizip II.*

Bea macht Privatdetektiv Müller Konkurrenz

Privatdetektiv Müller hatte schon viele Diebe (1. festnehmen) und manchen Mörder (2. finden). Aber manchen Kampf um Gerechtigkeit hatte er auch schon (3. verlieren), denn einige Täter hatten Müller (4. belügen) und (5. betrügen). Aber noch immer vertrat er die Meinung, dass sein Beruf nützlich sei, denn er wusste, dass er schon vielen braven Menschen (6. helfen) hatte.
Müller hatte schon den ganzen Vormittag über die Vor- und Nachteile seines Berufes (7. nachdenken), war aber wieder einmal nicht weitergekommen, als plötzlich die Bürotür (8. aufreißen) wurde. Müller drehte sich um. In der Tür stand seine Assistentin Bea, die er seit zwei Tagen nicht mehr (9. sehen) hatte. Neben ihr stand ein junger Mann, der eindeutig viel zu viel (10. trinken) hatte.

1. _____
2. _____
3. _____
4. _____
5. _____
6. _____
7. _____
8. _____
9. _____
10. _____

Ü2 b) *Ergänzen Sie die passenden Verbformen im Präteritum oder das Partizip II.*

„Was ist passiert?", fragte er Bea. Bea sorgte dafür, dass der Mann, der nach Alkohol (1. stinken), sich auf einen Stuhl setzte. Sie selber (2. stehen bleiben) und (3. beginnen) zu erzählen, was passiert war.
„Also, alles hat vor zwei Tagen (4. beginnen), als ich abends noch einen Spaziergang machte. Als ich (5. zurückkommen), hörte ich noch, wie jemand (6. pfeifen), so als ob er jemanden warnen wollte. Bei mir war (7. einbrechen) worden. Man hatte mir meine Pistole (8. stehlen). Ich bin dann sofort auf die Straße (9. rennen). Dann habe ich einen Schlag auf den Kopf bekommen. Als ich wieder aufwachte, war ich allein in einem verschlossenen Raum. Der Mann hatte die ganze Nacht im Nebenzimmer mit einem Freund gefeiert. Als er die Tür öffnete, konnte ich mich befreien."
„Typisch Bea", dachte Müller. „Jeder andere wäre vor Angst fast (10. sterben) und sie bringt den Täter gleich mit."

1. _____
2. _____
3. _____
4. _____
5. _____
6. _____
7. _____
8. _____
9. _____
10. _____

Wiederholung: Grammatik

Deklination

Ü1 *Finden Sie die 10 Fehler. Notieren Sie die korrekte Form.*

Lieber Horst,
ich habe einen große Schrecken bekommen, als ich von deine Unfall hörte. So ein komplizierte Beinbruch ist ein böse Sache, weil es lange dauert, bis man wieder ganz gesund ist. Was meint denn deine Arzt? Kommst du bald wieder aus den Krankenhaus raus? Es tut mir wirklich Leid, dass ausgerechnet du so eine Pech haben musstest, wo du doch so gerne Fußball spielst. Aber das Fußballspielen musst du wohl in die nächsten Wochen vergessen. Ich wünsche dir guten Besserung! Komm schnell wieder auf den Beine!
Georg

1. _____
2. _____
3. _____
4. _____
5. _____
6. _____
7. _____
8. _____
9. _____
10. _____

Ü2 *Ergänzen Sie die Endungen.*

Lieber Georg,
herzlichen Dank für dein__ gut___ Wünsche__ (1). Mir geht es schon wieder besser. Viel__ alt__ Kollege__ (2) haben mich schon besucht und versucht, mich auf ander__ Gedank__ (3) zu bringen, indem sie mir d__ neust__ Witze__ (4) erzählt haben. Mein__ Freunde__ (5) haben mir d__ neust__ CDs (6) mitgebracht und meine Frau kam mit zwei dick__ Bücher__ (7).
Mit den jung__ Krankenschwester__ (8) verstehe ich mich gut. Seit gestern kümmern sich neu__ Ärzte__ (9) um mich. Ich weiß nicht so recht, ob ich d__ neu__ Ärzte__ (10) vertrauen kann. Mit d__ ander__ Patient__ (11) habe ich auch einen guten Kontakt. In d__ nächst__ Tag__ (12) werde ich mein__ ganz__ Sache__ (13) wieder packen können und nach Hause gehen. Ich bin froh, wenn ich wieder in mein__ eigen__ vier Wände__ (14) bin.
Ich werde aber in d__ nächst__ Woche__ (15) noch einig__ schwer__ Problem__ (16) lösen müssen. Ich werde die Hilfe gut__ Anwälte__ (17) und d__ verschieden__ Betriebsratsmitglieder__ (18) brauchen, denn mein Chef hat mir fristlos gekündigt. Ich kann d__ angegeben__ Argument__ (19) nicht verstehen. Hoffentlich geht das alles gut. Ich mache mir deswegen groß__ Sorge__ (20).
Wünsch mir Glück!
                                                                                                                                    Horst

Ü3 *Ergänzen Sie die Endungen.*

In seiner erst___ (1) Nacht im Krankenhaus hatte Horst einen merkwürdig___ (2) Traum. Er sah sich, wie er am steil___ (3) Ufer ein___ (4) wilden Fluss___ (5) stand und die lang___ (6) Angelrute ins blau___ (7) Wasser hielt. Es waren schon einig___ (8) Minute___ (9) vergangen, als plötzlich ein___ (10) starke Kraft an der Angelrute zog. „Das muss ein groß___ (11) Fisch sein", dachte Horst und freute sich schon auf das gut___ (12) Abendessen. Er zog mit sein___ (13) ganzen Kraft an d___ (14) Angelrute, aber so fest er auch zog, sie bewegte sich kein___ (15) Stück. Er wollte die Angel loslassen, aber er konnte sein___ (16) Hände nicht öffnen. Er rief nach sein___ (17) Sohn, der Holz für ein klein___ (18) Feuer sammelte, aber sein___ (19) Sohn hörte ihn nicht. Horst wollte sich mit d___ (20) Angel in der Hand umdrehen. In diesem Moment zog etwas so fest, dass Horst ins Wasser fiel. In diesem Moment erwachte er.

Wortklassen: Präpositionen

Ü1 *Welcher Kasus mit welcher Präposition? Sortieren Sie.*

(an)statt	an	auf	aus	außerhalb	bei	durch	für
gegen	innerhalb	mit	nach	ohne	trotz	über	um (herum)
unter	von	von ... bis	vor	während	wegen	zu	zwischen

mit Akkusativ	mit Dativ	mit Akkusativ oder Dativ	mit Genitiv

Ü2 a) *Welche Präposition passt? Markieren Sie.*

Privatdetektiv Müller

Das Büro (1) Privatdetektiv Müller lag (2) dritten Stock. (3) Raum kam nur wenig Licht, denn (4) Haus stand ein großer Baum, dessen Zweige fast (5) Fenster reichten. Es war dunkel und ungemütlich (6) Büro. Daran konnten auch die Blumen, die (7) Tisch (8) seinem Schreibtisch und dem Fenster standen, nicht viel ändern, aber (9) sie wäre es noch ungemütlicher gewesen. Auch die Lampe (10) der Decke verbesserte die Atmosphäre nicht.

1. a) mit b) vom c) von
2. a) auf dem b) im c) in den
3. a) Aus b) In den c) Von dem
4. a) an b) beim c) vor dem
5. a) bis b) bis ans c) bis zur
6. a) am b) auf c) im
7. a) an den b) auf dem c) auf den
8. a) bei b) von c) zwischen
9. a) durch b) mit c) ohne
10. a) an b) auf c) von

b) *Welche Präposition passt? Notieren Sie den Buchstaben.*

Noch immer saß Müller (11) seinem Schreibtisch und dachte nach. Der Junge, der gestern (12) der Schule verschwunden war, konnte noch nicht gefunden werden. Müller hatte gestern noch (13) einem befreundeten Journalisten angerufen. Heute nun stand die Suchmeldung (14) der Zeitung. (15) dem frühen Morgen hatte das Telefon mehrmals geklingelt, aber (16) den Anrufen war keiner, der ihm wirklich weiterhalf. (17) 11 Uhr klingelte das Telefon wieder. Müller nahm ab. Eine Frau war (18) Telefon. „Ich habe gestern Nachmittag den Jungen (19) Bahnhof gesehen. Er war nicht allein. (20) ihm war ein jüngeres Paar. Es sah nicht so aus, dass der Junge gerne mitging."

a) am	f) durch	k) ohne
b) an	g) Gegen	l) Seit
c) auf	h) in	m) um
d) bei	i) mit	n) unter
e) Bei	j) nach	o) Von

11. _____   15. _____   19. _____
12. _____   16. _____   20. _____
13. _____   17. _____
14. _____   18. _____

Wiederholung: Grammatik

c) Ergänzen Sie die fehlenden Präpositionen und Artikel.

„Also doch eine Entführung?", dachte Müller. Aber er wollte das nicht so richtig glauben. Die Zeitungen schreiben so viel _____ (21) Entführungen, dass alle immer gleich daran glauben. Fast jeden Tag kamen aufgeregte Eltern _____ (22) ihm, weil ihre Kinder nicht pünktlich _____ (23) Hause kamen. Müller stand auf, ging _____ _____ (24) Zimmer und nahm einen Ordner _____ _____ (25) Regal. Wieder klingelte das Telefon. Müller ging _____ (26) seinem Schreibtisch zurück und legte den Ordner _____ _____ (27) Tisch. Diesmal war Bea, seine Assistentin, _____ (28) Apparat. „Wir haben die Schultasche gefunden." „Wo?" fragte Müller. „Sie lag _____ (29) einer Ecke _____ (30) Kiosk und Fahrkartenschalter." „Eine Entführung mit dem Zug?", dachte Privatdetektiv Müller. „Das kann doch nicht sein!" Müller legte auf und dachte nach.

d) Ergänzen Sie das passende Fragepronomen.

Aber _____ (31) wunderte sich Müller eigentlich? _____ (32) sah das alles aus? Nach einer Entführung? _____ (33) erkennt man eine Entführung? Noch hatte sich niemand bei den Eltern gemeldet. Sie versuchen, den Jungen zu finden, aber _____ (34) suchen sie noch? Außer der Schultasche gab es keine Spuren. _____ (35) ist der Junge gefahren? Er ist in den Zug gestiegen. _____ (36) beschäftigt er sich eigentlich? Nein, dachte Müller, das ist keine Entführung. _____ (37) hatte er eigentlich gehofft? Dass der Junge von alleine wieder auftauchte? _____ (38) muss er sich als Nächstes kümmern? _____ (39) muss er sich wenden? _____ (40) setzt sich Müller eigentlich ein?

Ü3 *Ergänzen Sie die fehlenden Präpositionen und Endungen im Genitiv.*

(an)statt	außerhalb	innerhalb	trotz	während	wegen

Ein Löwe ist los

Die Zooangestellten wunderten sich sehr, als sie gestern am Nachmittag feststellten, dass _____ d____ acht Löwen (1) nur noch sieben im Gehege waren. Das Tier war zum letzten Mal mittags _____ d____ Fütterung (2) gesehen worden. _____ d____ schlecht____ Wetter____ (3) waren glücklicherweise nur wenige Besucher im Zoo. Zunächst war angenommen worden, dass sich das Tier noch _____ d____ Zoo____ (4) befinden müsste. _____ intensiv____ (5) Suche fand man den verschwundenen Löwen jedoch nicht. Die Polizei geht nun davon aus, dass der Löwe sich inzwischen _____ d____ Zoo____ (6) befindet und bittet die Anwohner, _____ d____ entlaufen____ Löwen (7) _____ ein____ Gebiet____ (8) von einem Kilometer in den Häusern zu bleiben und die Kinder _____ (9) draußen in den Häusern spielen zu lassen, bis der Löwe wieder eingefangen werden konnte. Wer _____ d__ Gefahr (10) das Haus verlassen muss, sollte vorsichtig sein und sofort die Polizei informieren, wenn das Tier gesehen wird.

DACH: Deutschland – Österreich – Schweiz

...spricht man nicht nur in Deutschland, sondern auch in Österreich, in Teilen der Schweiz und in Liechtenstein. Außerhalb von Deutschland klingt die Sprache anders und auch manche Wörter unterscheiden sich. Das ist an sich nichts Außergewöhnliches, denn selbst in Deutschland klingt es anders, je nachdem ob ein Hamburger, ein Berliner, ein Leipziger, ein Kölner, ein Stuttgarter oder ein Münchner etwas sagt.

In der Prüfung können die Texte, die Sie hören oder lesen, aus Deutschland, aus Österreich oder der Schweiz kommen. Das ist wirklich neu und in vielen Lehrbüchern gibt es keine Beispiele dafür. Auf dieser Seite finden Sie ein paar Tipps, wie Sie dieses Defizit ausgleichen können. Auf den folgenden Seiten finden Sie Übungen, die Ihnen helfen, den neuen Wortschatz zu lernen, und Ihnen zeigen, dass Sie einige typisch österreichische oder Schweizer Wörter schon kennen.

Sprachliche Besonderheiten in der Schweiz und in Österreich

Das Schweizerdeutsch ist – im Gegensatz zum Dialekt, den die Schweizer untereinander sprechen – sehr ähnlich wie das Deutsch, das in Deutschland gesprochen wird. Die Grammatik ist fast gleich, es gibt jedoch einige Wörter, die anders sind, z.B.:
- Wörter aus dem Französischen: Ein Schweizer fährt nicht *Fahrrad*, sondern *Velo*. Er isst keinen *Nachtisch*, sondern ein *Dessert* usw.

In Österreich gibt es vor allem rund ums Essen einige Wörter, die selbst die Deutschen nicht sofort verstehen:
- Spezielle österreichische Wörter: Während der Deutsche *Tomaten* isst, isst der Österreicher *Paradeiser*.

Sowohl in der Schweiz, als auch in Österreich, gibt es
- Wörter, die anders sind, die Sie aber leicht verstehen können:
  Ein Deutscher isst morgens sein *Frühstück*, ein Schweizer sein *Morgenessen*.
  Ein Deutscher geht auf dem *Bürgersteig*, ein Österreicher geht auf dem *Gehsteig*.
- Wörter, die gleich aussehen, aber eine andere Bedeutung haben:
  Ein Deutscher brät sein Steak in einer *Pfanne* und kocht die Suppe in einem *Topf*. Ein Schweizer brät sein Steak in einer *Casserole/Bratpfanne* und kocht seine Suppe in einer *Pfanne*.
- Wörter, die durch ein anderes politisches System bedingt sind:
  Schweizer Kinder besuchen nicht die *Grundschule* und auch nicht, wie die österreichischen Kinder, die *Volksschule*, sondern sie besuchen die *Primarschule*.

PRÜFUNGSTIPP: Mit offenen Ohren hören, mit offenem Herzen lesen

Vor der Prüfung:
- Hören und lesen Sie Texte aus verschiedenen deutschsprachigen Regionen.
- Finden Sie heraus, was typisch für einen Akzent oder für eine Sprachregion ist.

Während der Prüfung:
- Ungewohnter Akzent? Bleiben Sie ruhig, achten Sie auf die Hauptinformationen.
- Erschließen Sie unbekannte Wörter aus dem Kontext.

Entdecken Sie die Vielfalt der deutschen Sprache!

1. **Texte lesen / Wörter erschließen**
   Lesen Sie österreichische oder Schweizer Zeitungen. Sammeln Sie Wörter.

2. **Akzente entdecken**
   Hören Sie verschiedene deutschsprachige Sprecher und Sprecherinnen.
   Hören Sie Radio oder sehen Sie fern.

3. **Interviews machen**
   Bitten Sie Ihre Gesprächspartner, so zu sprechen, wie sie mit ihrer Familie normalerweise sprechen. Hören Sie sich die Interviews an. Was haben Sie verstanden? Machen Sie sich Notizen.
   Hören Sie die Interviews mehrmals. Finden Sie heraus, was in der Aussprache oder im Wortschatz anders ist.

---

http://DerStandard.at
http://www.diepresse.at
http://www.tages-anzeiger.ch
http://www.nzz.ch

3SAT
ORF
SF1

Wiederholung: Wortschatz Österreich

Ü1 *In Österreich sagt man manches etwas anders. Lesen Sie den Text und erschließen Sie die unterstrichenen Wörter aus dem Kontext. Notieren Sie, wie man das in Deutschland sagt.*

Eine österreichische Geschichte

Franz Gruber drehte (1) das Licht ab, sperrte (2) seine Wohnungstür zu, zögerte einen Moment, ob er mit dem Lift (3) fahren sollte, ging dann doch über die Stiege (4). „Wenn ich doch im Parterre (5) wohnen würd', dachte er. Es wurde schon dunkel. Heuer (6) schien der Sommer noch schneller als sonst vorbei zu sein. Als er aus dem Haus kam, sah er sich um. Der Gehsteig (7) war leer. In den meisten Wohnungen brannte (8) das Licht. Er ging los. Er wollte sich mit dem Paul, seinem alten Schulfreund, treffen. Der Paul und der Franz hatten gemeinsam Matura (9) gemacht, aber das war lange her. Sie waren als Buben (10) wirklich gute Freunde gewesen, damals, als der Franz den Paul immer bei den Schularbeiten (11) abschreiben hat lassen. Vor allem am Anfang, als Paul nach seiner Übersiedlung (12) von Salzburg nach Wien neu in der Klasse war und sich schwer getan hat. Der Vater von Paul war Doktor und hatte in Wien in einem wunderbaren, alten Haus seine erste eigene Ordination (13) aufgemacht (14). Den Franz beeindruckte das alte Haus mit den schweren Türen und den alten Türschnallen (15). Der Franz holte den Paul immer in der Früh (16) ab. Er freute sich, wenn er läuten (17) musste und die Glocke (18) hören konnte. Das kam aber nicht oft vor, denn meistens wartete Paul schon vor dem Haus auf ihn. Vor der Übersiedlung hatte Pauls Vater in einem Spital (19) gearbeitet und auch schon wenig Zeit für seine Familie gehabt. Der Vater vom Franz war Fleischhauer (20). Obwohl sie zu Hause eine eigene Fleischhauerei (21) hatten, beneidete der Franz den Paul um seinen Vater. Paul verstand das gar nicht, denn der Vater von Franz hatte mehr Zeit für seine Kinder. Inzwischen waren beide Väter natürlich schon lange in Pension (22).

Franz kam an einigen kleinen Geschäften (23) vorbei, die aber schon zuhatten. Nur die Trafik (24) hatte noch offen. Er blieb stehen, zog eine Kronen-Zeitung heraus, um die Schlagzeile besser lesen zu können. „Bitte greifen (25) Sie die Zeitungen nicht an", sagte die Trafikantin. Er steckte die Zeitung zurück, kaufte ein Packerl (26) Zigaretten, Zünder (27) und eine Telefonwertkarte (28). Er riss die Hülle um das Packerl ab und sah sich nach einem Mistkübel (29) um.

1. _____
2. _____
3. _____
4. _____
5. _____
6. _____
7. _____
8. _____
9. _____
10. _____
11. _____
12. _____
13. _____
14. _____
15. _____
16. _____
17. _____
18. _____
19. _____
20. _____
21. _____
22. _____
23. _____
24. _____
25. _____
26. _____
27. _____
28. _____
29. _____

54   **Wiederholung: Wortschatz Österreich**

Wiederholung

Sie hatten sich in einem <u>Beisel</u> (30) in der Josefstadt verabredet. Er musste mit der <u>Tramway</u> (31) fahren. Dem Franz war kalt. „Ich hätte mich wärmer anziehen sollen. Ich werde mich noch <u>verkühlen</u> (32)", dachte er, während er seine <u>Brieftasche</u> (33) <u>aufmachte</u> (34) und die Tasten vom Automaten <u>drückte</u> (35), um einen Fahrschein zu kaufen. Schon als Bub fror er leicht, ganz im Gegensatz zu Paul, von dem er sich oft die Jacke <u>ausborgte</u> (36). Er hatte den Paul lange nicht gesehen. „Wie er jetzt wohl <u>ausschaut</u> (37)?", dachte Franz, stieg in die Tramway ein und fuhr sechs <u>Stationen</u> (38) in die Stadt. Das <u>Gasthaus</u> (39) war nur ein paar Schritte von der Haltestelle entfernt, aber er musste über die Straße und um die Ecke. Als die Ampel hinter ihm auf Rot <u>schaltete</u> (40), fuhr mit großer Geschwindigkeit eine <u>Rettung</u> (41) aus der Gegenrichtung um die Kurve und nahm einem anderen Fahrzeug den <u>Vorrang</u> (42). „Da muss etwas Schlimmes passiert sein", dachte Franz und ging weiter. Als er zum Gasthaus kam, in dem er mit dem Paul ausgemacht hatte, sah er, dass die Rettung gerade davor stand. Im Vorbeigehen warf er einen Blick auf die Person, die gerade in den Wagen gehoben wurde, und erschrak. Es war Paul. Was war geschehen?

30. _____
31. _____
32. _____
33. _____
34. _____
35. _____
36. _____
37. _____
38. _____
39. _____
40. _____
41. _____
42. _____

Ü2 *Kennen Sie die Lebensmittel? Notieren Sie, wie man in Deutschland und in Österreich dazu sagt.*

die Aprikose	die Bohne	das Brötchen	die Erdäpfel (Pl.)	das Faschierte	die Fisole
das Gehackte	das Hähnchen	das Hendl	das Hörnchen	die Kartoffeln	das Kipferl	die Klöße (Pl.)
die Knödel (Pl.)	die Marille	der Paradeiser	der Quark	die Semmel	die Tomate	der Topfen

Faschierter Auflauf

Zutaten:

2 Semmeln
3 Zwiebeln
1 Bund Petersilie
1 Ei
500 g Faschierte
(vom Schwein oder Rind)
Salz und Pfeffer
1 rote Paprika
1 grüne Paprika
3 große Paradeiser

Die Semmeln (1) in etwas Wasser einweichen, mit dem Faschierten (2), den Eiern, einem Bund klein gehackter Petersilie und einer gehackten Zwiebel vermischen. Etwas Paprika, Salz und Pfeffer hinzugeben und zu einem Teig verkneten. Die rote und grüne Paprika waschen, entkernen und in Streifen schneiden. Zwiebeln in Ringe schneiden. Paradeiser (3) mit heißem Wasser übergießen, bis sich die Haut löst. Paradeiser schälen und in Scheiben schneiden. Eine feuerfeste Form mit Öl einfetten, die Hälfte des Fleischteiges in die Form geben. Paprikastreifen, Paradeiserscheiben und Zwiebelringe auf den Teig legen. Restlichen Fleischteig auf das Gemüse geben und etwa 50 Minuten bei 200 Grad braten. Dazu passt Erdäpfelpüree (4).

1. _____
2. _____
3. _____
4. _____

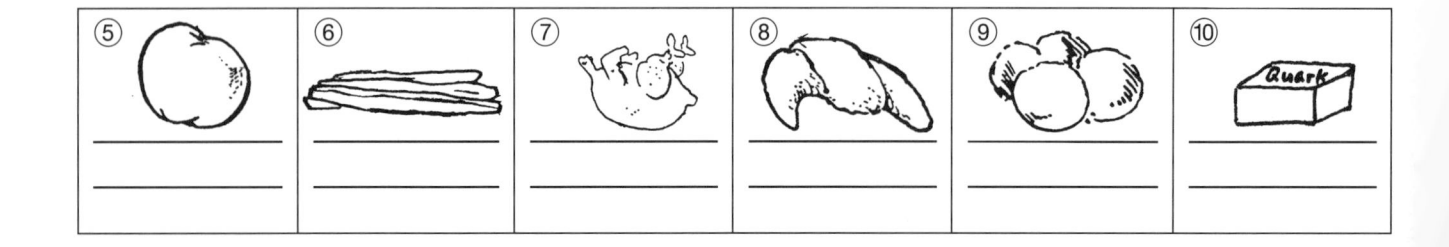

⑤ _____ _____   ⑥ _____ _____   ⑦ _____ _____   ⑧ _____ _____   ⑨ _____ _____   ⑩ _____ _____

Wiederholung: Wortschatz Schweiz

Ü3 *In der Schweiz sagt man manches etwas anders. Erschließen Sie die unterstrichenen Wörter aus dem Kontext. Notieren Sie, wie man dazu in Deutschland sagt.*

Eine Schweizer Geschichte

Sie waren an diesem Morgen etwas zu spät aufgestanden, obwohl der Wecker exakt (1) um Viertel vor sechs geläutet (2) hatte. Während Urs im Bad war und sich ankleidete, hatte Magret ihm unterdessen (3) ein frisches Hemd aus dem Kasten (4) auf den Fauteuil (5) gelegt, das Morgenessen (6) gemacht und in der Pfanne (7) kochte Wasser, denn Urs ass[1] gerne morgens ein gekochtes Ei. Urs hatte schlecht geschlafen, war noch müde und wäre am liebsten wieder ins Bett gegangen. Aber das kam nicht in Frage, denn er musste, wie jeden Morgen, seinen Dienst beginnen. Urs war Chauffeur (8). Damals, als er Magret kennen lernte, fuhr er einen Camion (9). Er war viel unterwegs und lernte auf diese Weise ganz Europa kennen. Magret war davon anfangs sehr beeindruckt, denn als Coiffeuse (10) kam sie nur in den Ferien (11) aus der Stadt raus. Aber als beide dann heirateten, wurde es zu einem Problem, dass Urs oft nicht da war, und der Lohn (12) war auch nicht gerade sehr hoch. Als er eines Tages eine Annonce (13) in der Zeitung sah, in der die Stadt Zürich neue Chauffeure für Bus und Tram (14) suchte, bewarb er sich um die Stelle. Zwar hatte er nur den Führerausweis (15) für Camions, aber das Tramfahren konnte er ja schliesslich noch lernen, dachte er sich.

Und so war es. Urs erhielt die Stelle, lernte das Tramfahren und war jeden Abend zu Hause bei seiner Frau. Nun fuhr er seit drei Jahren die gleiche Strecke und war stolz, dass er noch nie unpünktlich war. Das war wichtig, schon der Touristen wegen. Um etwas mehr Geld zu verdienen, hatte er im Haus die Aufgaben eines Abwarts (16) übernommen. Er machte das gerne, und es fiel ihm leicht, kleine Reparaturen am Haus selber zu machen und ein wenig für Ordnung zu sorgen. Die Nachbarn mochten und respektierten ihn.

Urs steckte sich eine Zigarette in den Mund, suchte nach einem Zündholz (17), zündete die Zigarette an und sah auf die Uhr. Schon halb sieben! Wenn er noch pünktlich zur Arbeit kommen wollte, musste er sehr pressieren (18). Er drückte seine Zigarette aus, trank seinen Kaffee mit Zucker und Rahm (19) und ass schnell ein Brot mit Konfitüre (20) und das Ei, das ihm seine Frau hingestellt hatte. Sieben Minuten zu Fuss hatte er zur nächsten Station (21) der Linie 7, die ihn zur Arbeit bringen konnte. Das war schon knapp. Sollte er losrennen und versuchen, das Tram zu erreichen? Oder sollte er lieber mit dem Velo (22) die Abkürzung durch den Park nehmen? Er schaute (23) aus dem Fenster. Er musste sich anstrengen, den Himmel zu sehen, denn die Wohnung war im Parterre (24) und der Block (25) vis-à-vis (26) stand so nah, dass man den Himmel kaum sehen konnte. Draussen war es trocken und es sah aus, als ob es ein sonniger Tag würde. „Ich fahre heute mit dem Velo zur Arbeit und kaufe mir mittags ein Pouletsandwich (27)", sagte er zu seiner Frau und schaute in sein Portemonnaie (28), denn es dünkte (29) ihn, dass er nicht mehr genügend Geld hatte. Als er eine Hunderternote (30) sah, steckte er das Portemonnaie zufrieden in die Jackenta-

1. _____
2. _____
3. _____
4. _____
5. _____
6. _____
7. _____
8. _____
9. _____
10. _____
11. _____
12. _____
13. _____
14. _____
15. _____
16. _____
17. _____
18. _____
19. _____
20. _____
21. _____
22. _____
23. _____
24. _____
25. _____
26. _____
27. _____
28. _____
29. _____
30. _____

1 In der Schweiz gibt es den Buchstaben „ß" nicht. Die Schweizer schreiben statt dessen immer „ss".

Wiederholung: Wortschatz Schweiz

sche. „Dann koche ich heute Abend gut", sagte seine Frau. „Was möchtest du als Dessert (31)?" Urs überlegte kurz. „Glace (32) mit Schokoladensosse", sagte er, gab seiner Frau einen Kuss und holte das Velo aus dem Keller. Als er aus dem Haus kam, stiess er fast mit dem Pöstler (33), dem vor Schreck die Briefe aus der Hand fielen, zusammen. Urs entschuldigte sich und fuhr los. Er musste kräftiger treten als sonst, denn im Pneu (34) war zu wenig Luft, aber zum Aufpumpen hatte er keine Zeit. Während er zur Arbeit fuhr, dachte er an seine Frau, wie sie eben so in der Küche stand, mit ihrem roten Jupe (35) und dem rosa Pullover. Sie trug selten Hosen, meistens Jupes und Pullover und im Sommer manchmal auch einen Rock (36). Ihm gefiel das. Sie gab wenig Geld für Kleider (37) aus, kaufte oft im Warenhaus (38) ein und war doch immer gut gekleidet. Und es gefiel ihm, dass er, seit er verheiratet war, viel gesünder lebte. Früher hatte er sich oft abends eine Büchse (39) aufgemacht und war oft ganz bleich (40) im Gesicht. Heute ass er nur noch frisches Gemüse und man sah ihm an, dass es ihm gut ging.

„Wir haben schon lange nichts Besonderes gemacht", dachte er. „Vielleicht sollte ich für morgen zwei Billetts (41) fürs Kino besorgen", und nahm sich vor, in der Mittagspause zu schauen, was im Moment im Kino läuft.

Er fuhr so schnell über die Kreuzung, dass er einem Auto, das von rechts kam, den Vortritt (42) nahm und mit ihm zusammenstiess. Er flog einige Meter durch die Luft und landete auf dem Trottoir (43). Eine Frau, die den Unfall gesehen hatte, lief zur nächsten Telefonkabine (44), nahm ihre Taxcard (45) und alarmierte die Polizei. Stunden später erwachte Urs im Spital (46) und konnte sich an nichts mehr erinnern.

31. _____
32. _____
33. _____
34. _____
35. _____
36. _____
37. _____
38. _____
39. _____
40. _____
41. _____
42. _____
44. _____
45, _____
46. _____

Ü4 Sortieren Sie die im Text aus Ü 3 unterstrichenen Wörter. Notieren Sie die Wörter mit Artikel.

Wörter, die aus dem Französischen kommen	Wörter, die im Vergleich zur deutschen Standardsprache die Bedeutung ändern
Wörter, die Sie leicht verstanden haben	**Wörter, die Sie nachschlagen mussten**

Ü5 Sehen Sie sich nochmals die sortierten Wörter an. Wie heißen diese Wörter in Deutschland?

Wiederholung: Drei Länder, ...

Drei Länder, drei Wörter, eine Bedeutung

Ü6 Wie sagt man wo? Sortieren Sie die Wörter und notieren Sie die passenden Artikel.

Brieftasche	Briefumschlag	Bürgersteig	Couvert	Gehsteig	Geldbörse
Grundschule	Hähnchen	Hendel	Kuvert	Portemonnaie	Poulet
Primarschule	Rahm	Sahne	Schlag(obers)	Taxcard	Telefonkarte
Telefonwertkarte	Trottoir	Volksschule	Vorfahrt	Vorrang	Vortritt

Deutschland (D)	Österreich (A)	Schweiz (CH)

Drei Länder, ein Wort, verschiedene Bedeutung
Wörter, die gleich aussehen, aber in Österreich oder der Schweiz eine andere Bedeutung haben

Ü7 In welchem Land ist die Bedeutung anders? Notieren Sie. Zeichnen und definieren Sie die Begriffe.

Begriff	Bedeutung in Deutschland	Bedeutung in ...	
der Kasten		CH	
das Kleid, -er			
die Pfanne			
der Polster			
das Pult			
der Rock			
der Sessel			

1 Leseverstehen – Globalverstehen (Teil 1)

Lesen Sie zuerst die 10 Überschriften und dann die 5 Texte. Entscheiden Sie: Welche Überschrift (a–j) passt am besten zu welchem Text (1–5)?

a) Gratis durch Basel	f) Mit dem Zug zum Skilaufen in die Schweiz
b) Rundreisen durch Israel und Zypern	g) Für jeden den richtigen Schuh und das richtige Rad
c) Gruppenreisen für Kinder und Jugendliche	h) Bessere Verkehrsverbindungen
d) Nur das Beste ist gut genug	i) Ferien mit der ganzen Familie
e) Einander kennen lernen, miteinander arbeiten	j) Winterausflüge mit der Schweizer Bahn

1 Joggen und Fahrradfahren liegen in der Beliebtheitsskala der Freizeitaktivitäten ganz weit vorne. Wer aber schlecht ausgerüstet losfährt bzw. joggt, dem vergeht schnell die Lust auf Bewegung. Hobbysportler benötigen keine Bikes der Spitzenklasse und auch keine Joggingschuhe, wie sie Wettkampfläufer verwenden, einen gewissen Standard sollte man aber dennoch wahren. Nicht umsonst gibt es Schuhe zum Tennisspielen, zum Joggen, zum Radfahren usw. Auch beim Fahrradkauf sollte man genau überlegen, was man will; wer nur auf asphaltierten Straßen unterwegs ist, braucht kein Mountainbike.

2 Schon wieder mit Mama und Papa nach Spanien? Oder zur Oma an den Bodensee? Da hat der Berliner Verein „Falken" eine bessere Idee. Auf seiner Homepage www.jugendfahrten.de werden Erlebnisreisen für Jugendliche angeboten, die jede Menge Spaß und Abenteuer versprechen. Ob zum Kanufahren nach Schweden oder ins Strand-Camp nach Korsika, wer zwischen 6 und 17 Jahren alt ist, darf mit. Und: Die Gruppen werden von geschulten Betreuern begleitet, sodass Mama und Papa beruhigt wieder nach Spanien fliegen können.

3 Als erste Schweizer Stadt gibt Basel seinen Hotel-Touristen einen Gratis-Fahrausweis für den öffentlichen Verkehr. Ab Januar erhalten alle Gäste beim Einchecken in ein Hotel, die Jugendherberge oder eine andere Beherbergungsstätte automatisch eine persönliche Gratiskarte, das „Mobility-Ticket". Mit diesem können sie Tram, Bahn und Bus in Basel und auf den Vorortslinien (Zonen 10 und 11) frei benutzen. Informationen: Tel.: 061/2 67 81 81, Internet: www.tnw.ch.

4 Gemeinsam etwas zu gestalten verbindet. Man kommt ins Gespräch, lernt sich besser kennen. Das ist das Ziel der Workcamps für Jugendliche zwischen 16 und 26 Jahren, die weltweit angeboten werden. Zum Beispiel in Israel, wo in Haifa ein Garten angelegt wird (eine Woche im Juli, August, Oktober). Oder auf Zypern, wo zwei Kapellen im Städtchen Polis restauriert werden (drei Wochen im Juni und Juli). Preis für die Zypern-Reise: 1315 DM, inklusive Flug, Appartement, Halbpension; Pauschalpaket für Israel ab 895 DM (Kolping Jugendreisen, Tel. 0221/ 20 70 11 15, Fax 2 07 01 40, Internet: www.kolping.de).

5 Der Winter ist nicht unbedingt die Lieblingsjahreszeit der Mehrheit. Doch ist man auch in der kalten Saison in der Freizeit nicht einfach zum Nichtstun verurteilt. Die Schweizer Bahnen haben auch in diesem Jahr wieder zehn heiße Ideen auf praktischen Freizeitkärtchen gesammelt. Ob man nun eher auf dem Gemmipass durch den Schnee wandert oder die Warmwasserquellen in Yverdon-les-Bains besucht: Die Ideen-Kartei im A7-Format bietet für jeden Geschmack das Passende. Die Kärtchen sind an jedem SBB-Bahnhof erhältlich. Für Ordnung sorgt außerdem eine Gratis-Sammelbox, die ebenfalls am Bahnhof bezogen werden kann.

1. ____	2. ____	3. ____	4. ____	5. ____

1 Leseverstehen – Detailverstehen (Teil 2)

Lesen Sie den Text und wählen Sie: Welche Aussage (a–c) steht im Text? Kreuzen Sie an.

Lernfestival

Eine Stunde täglich lernen

Bildungseinrichtungen aus der ganzen Schweiz beteiligen sich am Lernfestival

Von Peter P. Schneider

Das Motto „One hour a day" wurde von der UNESCO Weltkonferenz für Erwachsenenbildung ausgegeben. Es provoziert und motiviert: Wofür sollte und wollte man nicht täglich eine Stunde zur Verfügung haben dürfen? Für die Weiterbildung, meint das Lernfestival und lanciert eine Diskussion aller denkbaren Fragen zur Weiterbildung.

Eine selbstverständliche Sache ist Weiterbildung für zwei Bevölkerungsgruppen: für gut Gebildete, die ihr Wissen immer wieder aktualisieren, und für versicherte Arbeitslose. Ausgerechnet Personen mit niedrigerer beruflicher Qualifikation und tiefem Bildungsstand, Frauen mit Kindern und Angehörige kultureller Minderheiten finden den Zugang zur Fortbildung aber nicht. Das Lernfestival will speziell jene 60% der Bevölkerung sensibilisieren, die bislang keine Weiterbildungsangebote nutzen (können).

„Eine Stunde lernen pro Tag" propagiert den Gedanken lebenslangen Lernens. Gemeint ist aber nicht nur der Besuch von Kursen zur Erhöhung der beruflichen Qualifikation. Das Motto kann als Aufforderung verstanden werden, sich im gedrängten Alltag eine Stunde herauszunehmen für Beschäftigung mit Themen von persönlichem Interesse: Darum ist der Internationale Museumstag (6.6.) ins Festival integriert, oder auch sportliche Angebote. Das Lernfestival ist von der Schweizerischen Vereinigung für Erwachsenenbildung (SVEB) in Partnerschaft mit dem Bundesamt für Berufsbildung und Technologie (BBT) zentral initiiert worden. Getragen wird es aber von Organisationen, Schulen und Verbänden in den Regionen. Die Aktionen sind bewusst einfach gehalten. Prospekte in Verkehrsmitteln machen auf staatlich unterstützte Weiterbildungen aufmerksam. Die Berufsinformationszentren (BIZ) im ganzen Kanton sind am kommenden Sonntag geöffnet (6.6., 11–16 Uhr). Auf der Fähre „Horgen" wird über Weiterbildung informiert (4.6.–6.6.). Das Migros-Museum präsentiert Aktionen unter dem Titel „Quick Chance – Schnelle Veränderung" (3.6.–5.6.). Und im Mühlerama werden sogenannte Lern-Mahlzeiten ausgegeben (5.6.–9.6.). Ein Weiterbildungswegweiser mit (Internet-) Adressen, Telefonnummern und Literaturhinweisen erscheint. Und übers Telefon können sich Jugendliche und Erwachsene kostenlos über Weiterbildungen informieren und Informationen zu den Aktivitäten des Lernfestivals erhalten. Je nach Region in Deutsch, Französisch oder Italienisch, auch am Wochenende.

6. Weiterbildung ist selbstverständlich
   a) für alle Bevölkerungsgruppen.
   b) für Personen mit guter Ausbildung.
   c) für Personen mit niedriger Qualifikation.

7. Informationen zum Festival gibt es
   a) für 1 Franken pro Minute.
   b) in 3 Sprachen.
   c) von Montag bis Freitag.

8. Organisationen, Schulen und Verbände
   a) machen beim Festival mit.
   b) verteilen Prospekte.
   c) zeigen, wie Sie arbeiten.

9. „Eine Stunde lernen pro Tag" bedeutet, dass man
   a) jeden Tag trainiert.
   b) sich täglich eine Stunde mit Themen beschäftigt, die einen interessieren.
   c) täglich eine Stunde einen Kurs besucht.

10. Das Lernfestival
    a) macht Angebote für die Berufsausbildung.
    b) wendet sich an zwei Bevölkerungsgruppen.
    c) will alle, die noch keine Weiterbildung gemacht haben, erreichen.

1 Leseverstehen – Selektives Verstehen (Teil 3)

Lesen Sie zuerst die Aufgaben und suchen Sie die passenden Anzeigen. Notieren Sie die Buchstaben (A–L). Es ist auch möglich, dass keine Anzeige passt. In diesem Fall schreiben Sie „0".

11. Sie möchten etwas Kleines essen und gerne draußen in einem Garten sitzen.
12. Sie möchten mit der ganzen Familie Ferien an der Nordsee machen.
13. Sie möchten in der Mittagspause gerne eine Pizza essen.
14. Sie suchen eine betreute Ferienfreizeit für Jugendliche.
15. Sie möchten mit kleinen Kindern Ferien auf einem Bauernhof machen.
16. Sie möchten eine Woche in die Berge, Sport treiben und sich verwöhnen lassen.
17. Sie suchen einen Ferienclub für allein Reisende.
18. Ihre Großeltern sind aktiv und möchten im Juni nach Österreich in die Ferien.
19. Sie besuchen Innsbruck und möchten abends gerne in eine Bar.
20. Sie möchten gerne Mecklenburg kennen lernen.

A WELTENBUMMLER RESTAURANT CRÊPES · PIZZA – Haller Straße 35, Telefon 20 80 80 – MITTAGSTISCH werktags 11.30 – 14.30 h – Tagesmenü 82,– / Tagescrêpe 75,– / Tagespizza kl. 65,–/185,– alle mit Suppe oder fr. Salat v. Buffet

B CAFÉ - RESTAURANT STAMPERL, Inh. Christian Freiseisen, Amthorstr. 10, Tel. 0512/343349, 0 664/234 58 10 – Mittagsmenüs ab 68,– Gutbürgerliche Küche – Neue Öffnungszeiten: Mo. – Fr. 10 – 1 Uhr früh, Sa. 17 – 1 Uhr früh, Sonn- und Feiertag geschlossen!

C Wagrain – Das Urlaubsnest in den Bergen – Sicher – Sauber – Schön – Senioren-Aktivwoche 19.–26. Juni 1999 inkl. tollem Rahmenprogramm ab öS 2380,– – Inmitten der schönsten Ausflugsziele Österreichs – Neu: Wasserwelt Amadé Wagrain – Info: Tourismusverband Wagrain, Tel. 00 43-64 13-84 48

D Café Restaurant 44 bei der Triumphpforte, 1. Stock – INNSBRUCKS 1. SPANISCHES TAPASLOKAL! Das Café mit Flair und vielem mehr ...

E Café - Restaurant „Waldhaus" – Neustift • Kampl 914 – Tel. 0 52 26/27 41 • Fax Dw. 4 – „A BÄRIG'S, URIG'S TIROLER WIRTSHAUS – EINMAL ANDERS! Bodenständige Küche"

F INNSBRUCKS ORIGINELLSTE BAR – Für jede Frau, für jedermann, für jedes Paar – Hari's Bar! – Viaduktbogen 23, Ing. Etzel Str., A-6020 Ibk., Tel. 0512/56 20 45 – Öffnungszeiten: DI - SO 20 Uhr - Open End, MO Ruhetag

G CAFÉ-BISTRO Tyrolis – Innrain 63 • Tel. 0512/580690 – Gastgarten Neu: unser Heurigenstand! – Öffnungszeiten: Täglich von 7 – 1 Uhr. Kein Ruhetag! Sa./So. Frühstück ab 5.30 Uhr

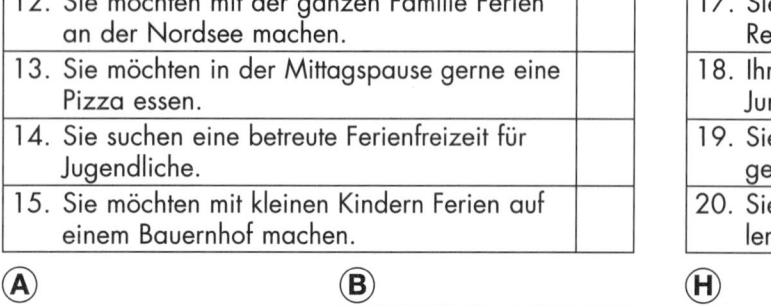

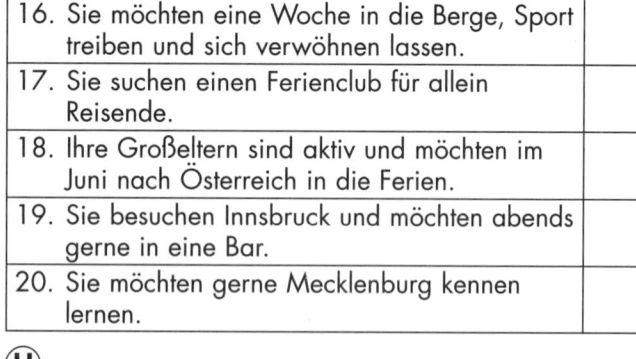

H Wander- und Bike-Erlebnis in den Dolomiten im TOP CLASS HOTEL ALPENHOF**** ★ Gesundheits-Bergsommerwochen ab 23. 8. 98 - 7 Tage HP DM 623,- + 8 Münzen für Kräuter-Dampfbäder ★ Relaxen im Erlebnishallenbad, div. Saunen, Fitnesscenter. All inclusive, täglich Wander- und Biketouren, Tennis, Reiten. NEU: Familien-Bergbauernhof (Appartements) - echt cool!! ★ Kinder bis 6 Jahren gratis. – ★ Super Preis-Leistungsverhältnis – I-39030 Niederrasen/Antholzertal/Südtirol. Telefon 0039/0474/49 64 51, Fax 0039/0474/49 80 47

I EUROPA HOTEL**** – Schwerin entdecken! Die alte Residenzstadt in naturbelassener Seenlandschaft mit sehenswerten historischen Bauten wie dem Mecklenburgischen Staatstheater, dem Schweriner Schloss und vielen Museen. Übernachten Sie im 4-Sterne-Hotel zu günstigen Preisen. 4 Übernachtungen mit Frühstück u. HP pro Person DM 236,– Einzelzimmer ab DM 99,– EUROPA HOTEL SCHWERIN – Werkstraße 9, 19061 Schwerin – Tel. 03 85-6 34 00, Fax 63 40 666 – http://deutschlandreise.de/europa-hotel-schwerin – Email: EUROPA-HOTEL-SCHWERIN@t-online.de

J Ferienland Wangerland – Nordseeurlaub für die ganze Familie. Im Bundeswettbewerb für Familienferien ausgezeichnet: Kinderspielhäuser • Urlaub auf dem Bauernhof • Kurzentrum • Camping direkt am Meer • kilometerlange Strände • Hafen • Meerwasserbäder... 1 Woche / 2 Erwachsene, 2 Kinder Ferienwohnung ab 550,00 DM – WANGERLAND TOURISTIK GmbH, 26430 Nordseeheilbad Horumersiel-Schillig, Tel.: 0 44 26/98 71 10, Fax: 0 44 26/98 71 87, Fax-Abruf 0 40/3 80 17-35 13 – Internet: www.nordsee-urlaub.de/wangerland, E-Mail: Wangerland@t-online-de

K Jetzt SÜDTIROL-Urlaub auf der Sonnenseite – HOTEL NALSERHOF**** I-39010 NALS b. MERAN – Gastfreundliches Vier-Sterne-Hotel mit familiärer Atmosphäre (15 km v. MERAN u. BOZEN). Inmitten 5000 m² Rosen-Park. Absolut ruhige Lage. Hallen- u. Freibad, große Liegewiese, Sauna, Massage, Fitnessgeräte. TT. Vorzügliche Küche, Frühstücksbuffet, 4-Gänge-Wahl-Menüs, Salatbuffet. Geführte Wanderungen und Hochgebirgstouren. Tennissandplatz + Reiten (300 m entf.) Neuer Golfplatz in 5 km Entfernung. Sonderwochen + diverse Veranstaltungen i. Haus. Fam. Regele informiert Sie gerne – am besten gleich anrufen! Tel: 0039/0471/678678, Fax 0039/0471/678217 – Kurzentschlossen gut gewählt!

L Familienurlaub auf Bauernhöfen in Oberösterreich – • Baby-Bauernhöfe • Bio- u. Gesundheits-Bauernhöfe • Berg-Bauernhöfe • Reit-Bauernhöfe – Preisbeispiel: 1 Tag für 2 Erwachsene und 2 Kinder in Grünau im Almtal auf einem qualitätsgeprüften ❀❀❀ Bauernhof: ÜF DM 84,- oder in der Ferienwohnung DM 93,- – Rufen Sie uns einfach an, den 50-seitigen Farbkatalog gibt's gratis! Tel. (0043/732) 69 02-248, Fax 69 02-48 – Frau Johanna Pernkopf, Bäuerlicher Gästering, A-4021 Linz, Auf der Gugl 3 – e-mail: uab-ooe@lk-ooe.at, http://www.upperaustria.farmholidays.com

2 Sprachbausteine: Grammatik (Teil 1)

Lesen Sie den folgenden Text und entscheiden Sie, welches Wort (a, b oder c) in die Lücken 21–30 passt.

Liebe Fanny,
vielen Dank __21__ deine E-Mail; du möchtest wissen, __22__ ich meinen Entschluss, Maschinenschlosserin zu werden, noch nicht bereut habe. __23__ kann ich nur sagen: Auf gar keinen Fall! __24__ Gegenteil: Die praktische Arbeit macht mir nach wie vor sehr __25__ Spaß! Und die Zusammenarbeit mit meinen überwiegend männlichen Kollegen klappt prima; die __26__ sind hilfsbereit und zuvorkommend, wenn ich mal Hilfe brauche. Und ich verdiene auch ganz gut.
Momentan nehme ich an __27__ Fortbildung teil. Wir bekommen nämlich demnächst neue computergesteuerte Maschinen, für __28__ Bedienung man/frau besonders ausgebildet werden muss.
Und meine beruflichen Pläne für die Zukunft? Ich überlege, ob ich nicht nach Feierabend die Fachoberschule besuchen __29__, um den Fachoberschulabschluss zu machen; danach __30__ ich dann an einer Fachhochschule Maschinenbau studieren. Mal sehen.
So viel für heute, denn ich muss mich noch auf den Unterricht von morgen vorbereiten.
Herzliche Grüße
Deine Anke

21. a) an
    b) für
    c) wegen

22. a) ob
    b) wann
    c) wozu

23. a) Dazu
    b) Zu dem
    c) Zu dir

24. a) In
    b) In dem
    c) Im

25. a) große
    b) großen
    c) großer

26. a) meiste
    b) meisten
    c) meistens

27. a) eine
    b) einem
    c) einer

28. a) dessen
    b) deren
    c) die

29. a) soll
    b) solle
    c) sollt

30. a) könne
    b) könnte
    c) konnte

2 Sprachbausteine: Wortschatz (Teil 2)

Lesen Sie den folgenden Text und entscheiden Sie, welches Wort aus dem Kasten (a–o) in die Lücken 31–40 passt. Sie können jedes Wort im Kasten nur einmal verwenden. Nicht alle Wörter passen in den Text.

Sehr geehrte Damen und Herren,
im Hotelverzeichnis __31__ Heidelberg habe ich Ihre Anzeige gelesen. Ich möchte mit meiner Freundin __32__ Tage im „romantischen Heidelberg" verbringen, hätte aber zunächst noch gerne einige Informationen von Ihnen:
Haben __33__ Zimmer nur fließend Warm- und Kaltwasser, oder __34__ es auch einige Zimmer mit Dusche und WC? Fährt ein Bus vom Bahnhof zum Hotel? Wir haben __35__ viel Gepäck dabei, __36__ wir eine Rundreise durch Deutschland machen. Ist __37__ Schwimmbad, das Sie in Ihrer Anzeige erwähnen, ein Freibad oder ein Hallenbad? __38__ kostet ein gutes „deutsches" Mittagessen in Ihrem Restaurant ungefähr? Wie hoch ist der Preisnachlass, __39__ wir vier Tage bei Ihnen buchen?
Außerdem wären wir Ihnen sehr __40__, wenn Sie uns einen Stadtplan von Heidelberg schicken könnten.
Mit freundlichen Grüßen
Lorenz Krüger

a) alle	i) ein paar
b) als	j) gibt
c) aus	k) hat
d) da	l) nämlich
e) dankbar	m) von
f) das	n) Was
g) denn	o) wenn
h) ein	

31. _____	36. _____
32. _____	37. _____
33. _____	38. _____
34. _____	39. _____
35. _____	40. _____

3 Hörverstehen – Globalverstehen (Teil 1)

*Sie hören fünf kurze Texte. Zu jedem Text gibt es eine Aussage. Entscheiden Sie bei jeder Aussage, ob sie richtig oder falsch ist. Sie hören die Texte **nur einmal**. Lesen Sie zuerst die Aussagen. Sie haben dazu 30 Sekunden Zeit.*

	richtig	falsch

41. Die erste Sprecherin liest keine Krimis, weil sie keine Geduld dazu hat.
42. Der zweite Sprecher schätzt vor allem die Spannung bei Krimis.
43. Der dritte Sprecher mag vor allem Überraschungen.
44. Der vierte Sprecher mag und liest gerne Krimis.
45. Die fünfte Sprecherin mag Überraschungen im Krimi.

3 Hörverstehen – Detailverstehen (Teil 2)

*Sie hören ein Interview mit Frau Bartels. Zu dem Interview gibt es 10 Aussagen. Entscheiden Sie bei jeder Aussage, ob sie richtig oder falsch ist. Sie hören das Interview **zweimal**. Lesen Sie jetzt die Aussagen. Sie haben dazu eine Minute Zeit.*

	richtig	falsch

46. Frau Bartels arbeitet beim Wohnungsamt.
47. Sie vermittelt seit 10 Jahren freie Wohnungen.
48. Es werden viele neue Wohnungen gebaut.
49. Viele Wohnungen werden frei, weil die Menschen alt sind.
50. Für leere Wohnungen findet Frau Bartels schnell einen neuen Mieter.
51. Zu Frau Bartels kommen viele Familien mit vielen Kindern.
52. Jeder hat das Recht auf eine Sozialwohnung.
53. Eine allein stehende Person bekommt höchstens 50 Quadratmeter Wohnfläche.
54. Es gibt Menschen, die länger als 3 Jahre auf eine Wohnung warten.
55. Frau Bartels freut sich, wenn sie den Menschen Hoffnung machen kann.

3 Hörverstehen – Selektives Verstehen (Teil 3)

*Sie hören fünf kurze Texte. Zu jedem Text gibt es eine Aussage. Entscheiden Sie bei jeder Aussage, ob sie richtig oder falsch ist. Sie hören die Texte **zweimal**. Lesen Sie jetzt die Aussagen. Sie haben dazu 30 Sekunden Zeit.*

	richtig	falsch

56. *Sie sitzen im Zug und wollen wissen, die wievielte Station Stuttgart ist.*
    Stuttgart ist die zweite Station.
57. *Sie wollen wissen, wie das Wetter am Nachmittag wird.*
    Es wird regnen.
58. *Sie wollen sich bei Dr. Scheffler anmelden.*
    Die Praxis bleibt bis zum 15. 8. geschlossen.
59. *Sie wollen beim Radio anrufen.*
    Die Telefonnummer lautet: 0722121 20.
60. *Sie wollen nach Bielefeld weiterfahren.*
    Der Anschlusszug fährt um 14.05 auf Gleis 7.

4 Schriftlicher Ausdruck (Brief)

In der Zeitung „Neue Westfälische" in 33605 Bielefeld haben Sie die folgende Anzeige gelesen:

> **Neubürgerin (Anfang 30) in Bielefeld** sucht nette Leute, die gerne kochen, essen, trinken, reden; zwecks Gründung eines Kochclubs.
> XA 32653

Schreiben Sie unter der angegebenen Chiffre-Nummer einen Brief an die Zeitung (die Ihren Brief an die Inserentin weiterschicken wird). Sie haben **30 Minuten** Zeit, um den Brief zu schreiben.

Scheiben Sie in Ihrem Brief etwas zu allen vier Punkten unten. Überlegen Sie sich dabei eine passende Reihenfolge der Punkte. Vergessen Sie nicht Datum und Anrede, und schreiben Sie auch eine passende Einleitung und einen passenden Schluss.

- Wie Sie sich das Club-Leben vorstellen.
- Warum Sie Mitglied des geplanten Kochclubs werden möchten.
- Was Sie gerne essen und trinken.
- Welches „typische" Gericht aus Ihrem Land Sie für die Club-Mitglieder kochen möchten und warum.

Teilnehmende/r A

Mündlicher Ausdruck, Teil 1: Kontaktaufnahme

Sprechen Sie mit Ihrem Partner / Ihrer Partnerin. Stellen Sie sich vor. Finden Sie im gemeinsamen Gespräch möglichst viele Informationen zu den folgenden Punkten heraus.
(Bei Einzelprüfung: Sprechen Sie mit dem Prüfer / der Prüferin. Stellen Sie sich vor. Sagen Sie etwas zu den folgenden Punkten.)

- Name
- Woher Sie kommen / Heimatland
- Sprache(n) sprechen
- Wohnen
- Reisen
- Ziele im Leben

Mündlicher Ausdruck, Teil 2: Gespräch über ein Thema

Sehen Sie sich die Statistik an, lesen Sie den Text. Berichten Sie Ihrem Partner / Ihrer Partnerin kurz, welche Informationen Sie haben.
Beginnen Sie ein Gespräch. Erzählen Sie, welche Städte in Ihrem Land interessant sind und welche Städte (weltweit) Sie gerne einmal besuchen möchten.

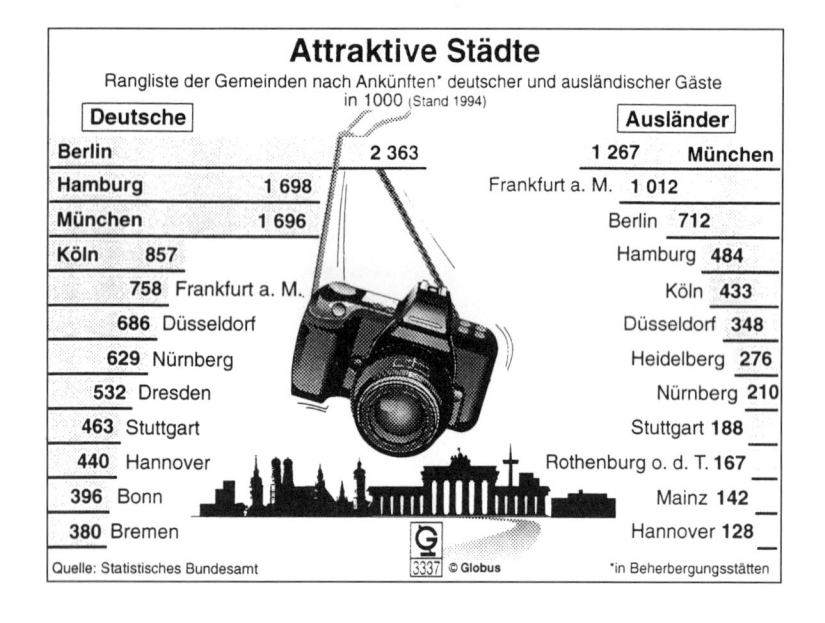

Attraktive Städte
Rangliste der Gemeinden nach Ankünften* deutscher und ausländischer Gäste in 1000 (Stand 1994)

Deutsche		Ausländer	
Berlin	2 363	München	1 267
Hamburg	1 698	Frankfurt a. M.	1 012
München	1 696	Berlin	712
Köln	857	Hamburg	484
Frankfurt a. M.	758	Köln	433
Düsseldorf	686	Düsseldorf	348
Nürnberg	629	Heidelberg	276
Dresden	532	Nürnberg	210
Stuttgart	463	Stuttgart	188
Hannover	440	Rothenburg o. d. T.	167
Bonn	396	Mainz	142
Bremen	380	Hannover	128

Quelle: Statistisches Bundesamt © Globus *in Beherbergungsstätten

Berlin und München

Bei den Deutschen steht die Hauptstadt Berlin ganz oben an. Mit jeweils rund 1,7 Millionen Besuchern errangen Hamburg und München die Plätze zwei und drei. Anders die Reihenfolge bei den Touristen aus dem Ausland. Hier ist München die Nummer eins. Groß ist das Interesse der ausländischen Besucher an historischen Städten. So liegt Heidelberg auf Platz sieben.

Mündlicher Ausdruck, Teil 3: Gemeinsam eine Aufgabe lösen

Am Samstag wollen Sie mit Ihrem Sprachkurs ein großes Fest feiern. Am Nachmittag soll es Spiele und Sport im Freien geben und am Abend ein Fest. Sie und Ihr Partner / Ihre Partnerin haben die Aufgabe, gemeinsam den Spielenachmittag zu planen. Überlegen Sie, was man spielen könnte. Entscheiden Sie, was Sie machen wollen und wer was macht.

- Welche Aktivitäten und Spiele?
- Wie lange dauert was?
- Was braucht man an Geräten und Material?
- Wer bringt was mit?
- Wie bildet man die Teams?
- Was bekommt der Gewinner / die Gewinnerin?

Mündlicher Ausdruck | **Probetest „Zertifikat Deutsch"**

Teilnehmende/r B

Mündlicher Ausdruck, Teil 1: Kontaktaufnahme

Sprechen Sie mit Ihrem Partner / Ihrer Partnerin. Stellen Sie sich vor. Finden Sie im gemeinsamen Gespräch möglichst viele Informationen zu den folgenden Punkten heraus.
(Bei Einzelprüfung: Sprechen Sie mit dem Prüfer / der Prüferin. Stellen Sie sich vor. Sagen Sie etwas zu den folgenden Punkten.)

- Name
- Woher Sie kommen / Heimatland
- Sprache(n) sprechen
- Wohnen
- Reisen
- Ziele im Leben

Mündlicher Ausdruck, Teil 2: Gespräch über ein Thema

Sehen Sie sich die Statistik an, lesen Sie den Text. Berichten Sie Ihrem Partner / Ihrer Partnerin kurz, welche Informationen Sie haben.
Beginnen Sie ein Gespräch. Erzählen Sie, welche Städte Sie schon kennen oder welche Städte Sie gerne kennen lernen möchten. Wie muss für Sie eine interessante Stadt sein?

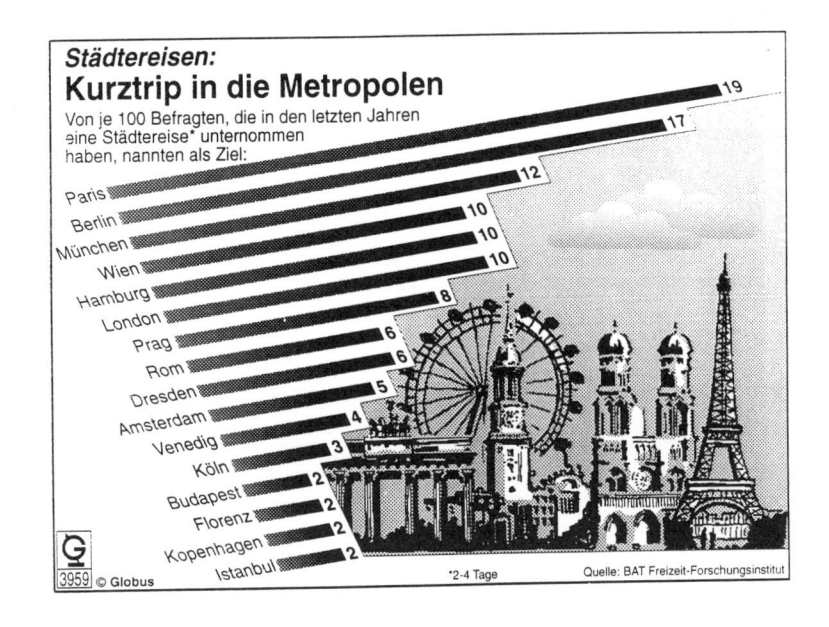

Städtereisen: Kurztrip in die Metropolen
Von je 100 Befragten, die in den letzten Jahren eine Städtereise* unternommen haben, nannten als Ziel:

Paris	19
Berlin	17
München	12
Wien	10
Hamburg	10
London	10
Prag	8
Rom	6
Dresden	6
Amsterdam	5
Venedig	4
Köln	3
Budapest	2
Florenz	2
Kopenhagen	2
Istanbul	2

*2-4 Tage   Quelle: BAT Freizeit-Forschungsinstitut

Schöne Städte

„Ich fahr nach Paris, dort ist das Leben so süß ...", heißt es in einem Lied von Udo Lindenberg. Offensichtlich denken viele Bundesbürger wie der Sänger, denn die französische Hauptstadt liegt bei den Städtereisen auf Platz 1. Auch die deutsche Hauptstadt ist beliebt. Von Florenz, Venedig oder Amsterdam träumen zwar viele Bundesbürger, doch nur wenige fahren dorthin.

Mündlicher Ausdruck, Teil 3: Gemeinsam eine Aufgabe lösen

Am Samstag wollen Sie mit Ihrem Sprachkurs ein großes Fest feiern. Am Nachmittag soll es Spiele und Sport im Freien geben und am Abend ein Fest. Sie und Ihr Partner / Ihre Partnerin haben die Aufgabe, gemeinsam den Spielenachmittag zu planen. Überlegen Sie, was man spielen könnte. Entscheiden Sie, was Sie machen wollen und wer was macht.

- Welche Aktivitäten und Spiele?
- Wie lange dauert was?
- Was braucht man an Geräten und Material?
- Wer bringt was mit?
- Wie bildet man die Teams?
- Was bekommt der Gewinner / die Gewinnerin?

Lösungsschlüssel

Übungen

1 Leseverstehen
Globalverstehen (Teil 1)
Test 1: 1. h, 2. i, 3. f, 4. c, 5. d.
Test 2: 1. i, 2. d, 3. f, 4. b, 5. h.
Test 3: 1. e, 2. h, 3. b, 4. j, 5. c.
Detailverstehen (Teil 2)
Test 1: 1. b, 2. a, 3. a, 4. c, 5. c.
Test 2: 1. c, 2. b, 3. a, 4. c, 5. b.
Test 3: 1. b, 2. b, 3. c, 4. c, 5. b.
Selektives Verstehen (Teil 3)
Test 1: 1. 0, 2. C, 3. G, 4. F, 5. 0, 6. H, 7. 0, 8. J, 9. 0, 10. A.
Test 2: 1. 0, 2. F, 3. B, 4. 0, 5. C, 6. 0, 7. J, 8. D, 9. A, 10. E.
Test 3: 1. K, 2. C, 3. E, 4. H, 5. A, 6. L, 7. B, 8. I, 9. F, 10. D.

2 Sprachbausteine
Grammatik (Teil 1)
Test 1: 1. b, 2. b, 3. b, 4. a, 5. b, 6. c, 7. b, 8. b, 9. a, 10. a.
Test 2: 1. b, 2. a, 3. a, 4. b, 5. c, 6. c, 7. b, 8. b, 9. c, 10. a.
Test 3: 1. c, 2. c, 3. a, 4. b, 5. b, 6. c, 7. b, 8. b, 9. b, 10. b.
Test 4: 1. a, 2. b, 3. c, 4. a, 5. a, 6. b, 7. a, 8. b, 9. c, 10. a.
Test 5: 1. a, 2. c, 3. b, 4. a, 5. b, 6. c, 7. c, 8. c, 9. c, 10. b.
Wortschatz (Teil 2)
Test 1: 1. g, 2. o, 3. n, 4. b, 5. f, 6. h, 7. i, 8. a, 9. e, 10. c.
Test 2: 1. n, 2. a, 3. d, 4. c, 5. m, 6. f, 7. l, 8. o, 9. g, 10. b.
Test 3: 1. h, 2. o, 3. d, 4. b, 5. g, 6. a, 7. n, 8. k, 9. f, 10. i.
Test 4: 1. g, 2. h, 3. c, 4. o, 5. l, 6. b, 7. a, 8. n, 9. j, 10. e.
Test 5: 1. b, 2. g, 3. a, 4. n, 5. c, 6. l, 7. h, 8. f, 9. d, 10. j.

3 Hörverstehen
Globalverstehen (Teil 1)
Test 1: 1. f, 2. r, 3. r, 4. r, 5. r.
Test 2: 1. r, 2. f, 3. f, 4. f, 5. r.
Test 3: 1. f, 2. r, 3. r, 4. f, 5. r.
Detailverstehen (Teil 2)
Test 1: 1. r, 2. r, 3. r, 4. f, 5. r, 6. f, 7. f, 8. r, 9. f, 10. r.
Test 2: 1. f, 2. f, 3. r, 4. r, 5. f, 6. f, 7. f, 8. r, 9. r, 10. f.
Test 3: 1. f, 2. f., 3. f, 4. r, 5. r, 6. r, 7. f, 8. f, 9. f, 10. r.
Selektives Verstehen (Teil 3)
Test 1: 1. f, 2. r, 3. f, 4. r, 5. f.
Test 2: 1. f, 2. r, 3. f, 4. r, 5. f.
Test 3: 1. f, 2. r, 3. f, 4. r, 5. f.

Wiederholung: Grammatik

Satzbausteine und Satzmuster
Ü1: 1. e, 2. j, 3. g, 4. a, 5. b, 6. m, 7. i, 8. c, 9. f, 10. h.
Ü2: 1. j, 2. i, 3. n, 4. o, 5. l, 6. h, 7. f, 8. k, 9. b, 10. e.
Ü3: 1. ich mich sehr, 2. will dir, 3. in Hamburg gut, 4. eine kleine Wohnung, 5. im 5. Stock, 6. haben mir meine alten Möbel gebracht, 7. kann die Wohnung mit meinem alten Zimmer nicht vergleichen, 8. (richtig), 9. sie dir gern mal zeigen, 10. (richtig).
Ü4: 1. Sebastian und ich würden dich gerne besuchen. 2. Ich habe Lust auf einen Ausflug. 3. Sebastian bekommt das Auto von seiner Mutter. 4. So wird die Fahrt nicht so teuer. 5. Wir bleiben nur einen Tag in Hamburg. 6. Am Samstag geht es bei uns immer. 7. Sebastian kann nie am Sonntag. 8. Er hilft seinen Eltern im Café. 9. Wir freuen uns auf das Wiedersehen. 10. Wir bringen dir dein Fahrrad mit.
Ü5: 1. c-a-d-b, 2. a-b-d-c, 3. c-a-b-d/c-a-d-c, 4. a-b-d-c, 5. d-b-c-a, 6. b-c-a-d/a-c-b-d, 7. d-a-c-b-e, 8. a-b-d-c-e, 9. b-c-d-e-a, 10. d-f-a-b-c-e.

Lösungsschlüssel

Ü6: 1. j, 2. i, 3. n, 4. d, 5. m, 6. l, 7. a, 8. g, 9. f, 10. e.
Ü7: a) 1. a, 2. j, 3. r, 4. m, 5. f, 6. h, 7. g, 8. c, 9. t, 10. b, 11. q, 12. d, 13. k, 14. i, 15. p, 16. s, 17. a/e/g, 18. l, 19. n, 20. o; b) 1. k, 2. g, 3. d, 4. o, 5. i, 6. n, 7. l, 8. e, 9. c, 10. h.
Ü8: 1. c, 2. b, 3. b, 4. a, 5. a, 6. c, 7. b, 8. c, 9. b, 10. a.

Hauptsatz und Satzklammer
Ü1: 1. a, 2. a, 3. b, 4. b, 5. b, 6. c, 7. a, 8. a, 9. b, 10. b.
Ü2: 1. verliebte / hat ... verliebt, 2. kommt, 3. verbrachte / hat ... verbracht, 4. sind, 5. ging, 6. beschlossen, 7. kommt, 8. abgeschlossen hat, 9. lernt, 10. wird ... gehen.
Ü3: 1. kam, 2. war, 3. fuhr, 4. dachte, 5. sehen kann/könnte, 6. besuchte, 7. war ... enttäuscht, 8. sehen konnte, 9. reisten ... herum, 10. gefiel.
Ü4: 1. sei, 2. sei ... gewesen, 3. sei, 4. seien, 5. sei, 6. habe, 7. habe, 8. hätten, 9. können, 10. seien, 11. hätten, 12. sei, 13. sei, 14. habe, 15. solle, 16. solle, 17. sollten, 18. seien, 19. hätten, 20. hätte.
Ü5: 1. wurde ... berichtet, 2. zerstört wurden, 3. wurde ... beschlossen, 4. installiert wird, 5. vermieden werden kann, 6. wird ... hingewiesen, 7. erlaubt ist, 8. wurde ... entschieden, 9. wird ... ausgeschrieben (werden), 10. besetzt werden.
Ü6: 1. konnte, 2. muss, 3. kann, 4. müssen, 5. konnte, 6. muss, 7. durfte, 8. könnte, 9. könnte, 10. wollte, 11. konnte, 12. müssen, 13. kann, 14. darf, 15. musste, 16. kann, 17. soll, 18. dürfen, 19. müssen, 20. soll.

Nebensatz und Nebensatzklammer
Ü1: 1. a, 2. c, 3. c, 4. b, 5. c, 6. a, 7. c, 8. a, 9. b, 10. a.
Ü2: 1. ohne dass, 2. Während, 3. Während, 4. Anstatt, 5. Anstatt, 6. ohne dass, 7. Während, 8. ohne, 9. Anstatt, 10. ohne dass.
Ü3: 1. das, 2. deren, 3. dessen, 4. denen, 5. die, 6. deren, 7. die, 8. die, 9. deren, 10. das.

Konjugation
Ü1: 1. geblieben, 2. geliehen, 3. aufgeladen, 4. mitgenommen, 5. gefroren, 6. abgestiegen, 7. geschoben, 8. entgegenkam, 9. stieß, 10. gezwungen.
Ü2: a) 1. festgenommen, 2. gefunden, 3. verloren, 4. belogen, 5. betrogen, 6. geholfen, 7. nachgedacht, 8. aufgerissen, 9. gesehen, 10. getrunken; b) 1. stank, 2. blieb stehen, 3. begann, 4. begonnen, 5. zurückkam, 6. pfiff, 7. eingebrochen, 8. gestohlen, 9. gerannt, 10. gestorben.

Deklination
Ü1: 1. einen großen Schrecken, 2. von deinem Unfall, 3. komplizierter Beinbruch, 4. eine böse Sache, 5. dein Arzt, 6. aus dem Krankenhaus, 7. so ein Pech, 8. in den nächsten Wochen, 9. gute Besserung, 10. auf die Beine.
Ü2: 1. deine guten Wünsche, 2. Viele alte Kollegen, 3. andere Gedanken, 4. die neusten Witze, 5. Meine Freunde, 6. die neusten CDs, 7. dicken Büchern, 8. jungen Krankenschwestern, 9. neue Ärzte, 10. den neuen Ärzten, 11. den anderen Patienten, 12. den nächsten Tagen, 13. meine ganzen Sachen, 14. meinen eigenen vier Wänden, 15. der nächsten Woche, 16. einige schwere Probleme, 17. guter Anwälte, 18. der verschiedenen Betriebsratsmitglieder, 19. die angegebenen Argumente, 20. große Sorgen.
Ü3: 1. ersten, 2. merkwürdigen, 3. steilen, 4. eines, 5. Flusses, 6. lange, 7. blaue, 8. einige, 9. Minuten, 10. eine, 11. großer, 12. gute, 13. seiner, 14. der, 15. kein, 16. seine, 17. seinem, 18. kleines, 19. sein, 20. der.

Wortklassen: Präpositionen
Ü1: mit Akkusativ: durch, für, gegen, ohne, um; mit Dativ: aus, bei, mit, nach, von, von ... bis, zu; mit Akkusativ oder Dativ: an, auf, über, unter, vor, zwischen; mit Genitiv: (an)statt, außerhalb, innerhalb, trotz, während, wegen.
Ü2: a) 1. c, 2. b, 3. b, 4. c, 5. b, 6. c, 7. b, 8. c, 9. c, 10. a; b) 11. b, 12. j, 13. d, 14. h, 15. l, 16. n, 17. g, 18. a, 19. a, 20. e; c) 21. über, 22. zu, 23. nach, 24. durch das, 25. aus dem, 26. zu, 27. auf den, 28. am, 29. in, 30. zwischen; d) 31. worüber, 32. Wonach, 33. Woran, 34. wonach, 35. Wohin, 36. Womit, 37. Was/Worauf, 38. Worum, 39. Wohin / An wen, 40. Wofür.
Ü3: 1. anstatt der, 2. während der, 3. Wegen des schlechten Wetters, 4. innerhalb des Zoos, 5. Trotz intensiver, 6. außerhalb des Zoos, 7. wegen des entlaufenen Löwen, 8. innerhalb eines Gebiets, 9. statt/anstatt, 10. trotz der.

Wiederholung: Wortschatz D-A-CH
Österreich
Ü1: 1. machte ... aus, 2. schloss ... zu, 3. Aufzug/Fahrstuhl, 4. Treppe, 5. Erdgeschoss, 6. In diesem Jahr, 7. Bürgersteig, 8. war ... an, 9. Abitur, 10. Jungen, 11. Klassenarbeiten, 12. seinem Umzug, 13. Praxis, 14. eröffnet, 15. Türgriffen, 16. am Morgen / morgens, 17. klingeln, 18. Klingel, 19. Krankenhaus, 20. Metzger, 21. Metzgerei, 22. Rente, 23. Läden, 24. der Kiosk, 25. fassen ... an, 26. Päckchen, 27. Streichhölzer,

28. Telefonkarte, 29. Mülleimer, 30. einer Kneipe, 31. Straßenbahn, 32. erkälten, 33. Geldbörse, 34. öffnete, 35. tippte, 36. auslieh, 37. aussieht, 38. Haltestellen, 39. Die Kneipe, 40. sprang, 41. ein Krankenwagen, 42. die Vorfahrt.

Ü2: 1. das Brötchen, 2. das Gehackte, 3. die Tomate, 4, Kartoffelpüree, 5. die Aprikose / die Marille, 6. die Bohne / die Fisole, 7. das Hähnchen / das Hendel, 8. das Hörnchen / das Kipferl, 9. die Klöße / die Knödel, 10. der Quark / der Topfen.

Schweiz

Ü3: 1. genau, 2. geklingelt, 3. inzwischen, 4. Schrank, 5. Sessel, 6. Frühstück, 7. im Topf, 8. Fahrer, 9. Last(kraft)wagen/LKW, 10. Friseurin, 11. im Urlaub, 12. das Gehalt, 13. Anzeige, 14. Straßenbahn, 15. Führerschein, 16. Hausmeisters, 17. Streichholz, 18. sich ... beeilen, 19. Sahne/Milch, 20. Marmelade, 21. Haltestelle, 22. Fahrrad, 23. sah, 24. Erdgeschoss, 25. Wohnblock / das Haus, 26. gegenüber, 27. Hähnchensandwich, 28. seine Geldbörse, 29. (er)schien, 30. einen Hunderter/(Hundertfrankenschein), 31. Nachtisch, 32. Eis(creme), 33. Briefträger, 34. Reifen, 35. Rock, 36. ein Kleid, 37. Kleidung, 38. Kaufhaus, 39. Dose, 40. blass, 41. Eintrittskarten, 42. die Vorfahrt, 43. Bürgersteig, 44. Telefonzelle, 45. Telefonkarte, 46. Krankenhaus.

Ü4: *Wörter, die aus dem Französischen kommen:* der Fauteuil, der Chauffeur, der Camion, die Coiffeuse / der Coiffeur, die Annonce, pressieren, die Konfitüre, das Velo, das Parterre, vis-à-vis, das Poulet, das Portemonnaie, das Dessert, die Glace, der Pneu, der Jupe, das Billett, das Trottoir;
Wörter, die die Bedeutung ändern: der Kasten, die Pfanne, das Kleid, der Rock.

Drei Länder, drei Wörter, eine Bedeutung

Ü6: *Deutschland:* Briefumschlag, Bürgersteig, die Geldbörse, die Grundschule, das Hähnchen, die Sahne, die Telefonkarte, die Vorfahrt; *Österreich:* das Kuvert, der Gehsteig, die Brieftasche, die Volksschule, das Hendel, der Schlag(obers), die Telefonwertkarte, der Vorrang; *Schweiz:* das Couvert, das Trottoir, das Portemonnaie, die Primarschule, das Poulet, die Taxcard, der Vortritt.

Drei Länder, ein Wort, verschiedene Bedeutung

Ü7: der Kasten: D: rechtwinkliger fester Behälter, Kiste; A/CH: Schrank.
das Kleid: D/A: Kleidungsstück für Frauen und Mädchen, meist in einem Stück; CH: (nur im Plural) Kleider: Kleidung.
die Pfanne: D/A: flaches, v. a. zum Braten verwendetes Küchengerät mit Stil; CH: Topf.
der Polster: A: Kissen; D/CH: <u>das</u> Polster: Auflage aus kräftigem, elastischem Material zum weichen Sitzen und Liegen.
das Pult: D/A: schmales, hohes Gestell zum Lesen oder Schreiben; CH: Schreibtisch.
der Rock: D/A: Kleidungsstück für Frauen und Mädchen, das von der Taille abwärts reicht; CH: Kleid.
der Sessel: D/CH: weich gepolstertes Sitzmöbel mit Rückenlehne und meist auch Armlehnen; A: Stuhl.

Probetest

1 Leseverstehen

Globalverstehen (Teil 1): 1. g, 2. c, 3. a, 4. e, 5. j. (max. 5 x 5 Punkte)
Detailverstehen (Teil 2): 6. b, 7. b, 8. a, 9. b, 10. c. (max. 5 x 5 Punkte)
Selektives Verstehen (Teil 3): 11. G, 12. J, 13. A, 14. O, 15. L, 16. H, 17. O, 18. C, 19. F, 20. I. (max. 10 x 2,5 Punkte)

2 Sprachbausteine

Grammatik (Teil 1): 21. b, 22. a, 23. a, 24. c, 25. b, 26. b, 27. c, 28. b, 29. a, 30. b. (max. 10 x 1,5 Punkte)
Wortschatz (Teil 2): 31. m, 32. i, 33. a, 34. j, 35. l, 36. d, 37. f, 38. n, 39. o, 40. e. (max. 10 x 1,5 Punkte)

3 Hörverstehen

Globalverstehen (Teil 1): 41. r, 42. f, 43. f, 44. r, 45. r. (max. 5 x 5 Punkte)
Detailverstehen (Teil 2): 46. r, 47. r, 48. f, 49. r, 50. f, 51. r, 52. f, 53. f, 54. r, 55. f. (max. 10 x 2,5 Punkte)
Selektives Verstehen (Teil 3): 56. f, 57. r, 58. r, 59. f, 60. f. (max. 5 x 5 Punkte)

Bewertung Schriftlicher Ausdruck

Inhaltliche Angemessenheit	
• Alle vier vorgegebenen Leitpunkte werden inhaltlich angemessen bearbeitet.	5
• Drei Leitpunkte werden inhaltlich angemessen bearbeitet.	3
• Zwei Leitpunkte werden inhaltlich angemessen bearbeitet.	1
• Nur einer oder keiner der vorgegebenen Leitpunkte wird inhaltlich angemessen bearbeitet.	0
Kommunikative Gestaltung *Aspekte: Anordnung der Leitpunkte, Verknüpfung der Sätze/Äußerungseinheiten, Inhalts- und Adressatenbezug*	
• Voll angemessene kommunikative Gestaltung.	5
• Im Großen und Ganzen angemessene kommunikative Gestaltung.	3
• Kaum noch akzeptable kommunikative Gestaltung.	1
• Insgesamt nicht ausreichend.	0
Formale Richtigkeit *Syntax, Morphologie, Orthographie*	
• Keine oder nur vereinzelte Fehler.	5
• Fehler, die das Verständnis nicht beeinträchtigen.	3
• Fehler an zentralen Stellen, die das Verständnis erheblich beeinträchtigen.	1
• So viele Fehler, dass der Text kaum noch verständlich ist.	0

Bewertung Mündlicher Ausdruck

Ausdrucksfähigkeit *Inhalts- und Rollenbezogenheit, Wortschatz, Realisierung von Sprechintentionen*	Teil 1	Teil 2/3
• Die Ausdrucksfähigkeit ist voll angemessen.	4	8
• Die Ausdrucksfähigkeit ist im Großen und Ganzen angemessen.	3	6
• Die Ausdrucksfähigkeit ist kaum noch akzeptabel.	1	2
• Die Ausdrucksfähigkeit ist durchgehend nicht ausreichend.	0	0
Aufgabenbewältigung *Gesprächsbeteiligung, Diskurs- und evtl. Kompensationsstrategien, Flüssigkeit*	Teil 1	Teil 2/3
• Die Bewältigung der Aufgabe ist voll angemessen.	4	8
• Die Bewältigung der Aufgabe ist im Großen und Ganzen angemessen.	3	6
• Die Bewältigung der Aufgabe ist kaum noch akzeptabel.	1	2
• Die Bewältigung der Aufgabe ist durchgehend nicht ausreichend.	0	0
Formale Richtigkeit *Syntax, Morphologie*	Teil 1	Teil 2/3
• Keine oder nur vereinzelte Fehler.	4	8
• Fehler, die das Verständnis nicht beeinträchtigen.	3	6
• Fehler an zentralen Stellen, die das Verständnis erheblich beeinträchtigen.	1	2
• So viele Fehler, dass die Kommunikation zu scheitern droht bzw. scheitert.	0	0
Aussprache/Intonation *Aussprache, Intonation*	Teil 1	Teil 2/3
• Abweichungen von Aussprache und Intonation beeinträchtigen das Verständnis nicht.	3	6
• Abweichungen von Aussprache und Intonation erschweren gelegentlich das Verständnis.	2	4
• Abweichungen von Aussprache und Intonation erschweren das Verständnis erheblich.	1	2
• Abweichungen von Aussprache und Intonation machen das Verständnis (nahezu) unmöglich.	0	0

Prüfungsteil	Gewichtung	Punkte	Maximalpunkte
Leseverstehen	25%	Teil 1: 5P x 5 + Teil 2: 5P x 5 + Teil 3: 2,5P x 10	75 Punkte
Hörverstehen	25%	Teil 1: 5P x 5 + Teil 2: 2,5P x 10 + Teil 3: 5P x 5	75 Punkte
Schriftlicher Ausdruck	15%	15P x 3	45 Punkte
Sprachbausteine	10%	Teil 1: 10P x 1,5 + Teil 2: 10P x 1,5	30 Punkte
Mündlicher Ausdruck	25%	Teil 1: 15P x 1 + Teil 2: 15P x 2 + Teil 3: 15P x 2	75 Punkte
total	100%		300 Punkte

Transkripte der Hörtexte: Übungen

Übungen

Globalverstehen (Teil 1)

Test 1. Sie hören fünf Aussagen zum Thema „Sport". Sie hören diese Texte nur einmal. Markieren Sie: Richtig oder falsch?

1
Ja, also für mich hat Sport keine sehr große Bedeutung. Ich gehe einmal oder zweimal pro Woche rennen in den Wald. Ich schwimme, fahre Rad, aber ich habe keinen bestimmten Trainingsplan oder so was. Und Fernsehübertragungen von Sportanlässen, die langweilen mich eigentlich.

2
Ja, also in meinem Leben hat der Sport primär die Bedeutung des schlechten Gewissens, weil ich immer denk, ich sollte Sport machen, ich sollte mehr Bewegung machen, aber in Wirklichkeit habe ich keine Zeit dazu. Also, es ist irgendwie immer der Appell da, sich sportlich zu betätigen, aber tun tu ich's nicht. Was Sport im Fernsehen wiederum betrifft, da hab ich eine ganz andere Perspektive. Das kann man abschaffen, von mir aus. Das schaue ich mir sowieso nie an, das ist reine Zeitverschwendung und es gäbe viele andere Programme, die lustiger wären.

3
Ach, lassen Sie mich bloß mit Sport in Frieden! Ich kann sehr gut ohne Sport leben. Es ärgert mich, dass im Fernsehen ständig Sport zu sehen ist. Da freut man sich mal auf einen schönen Film und was ist? Es kommt ein Fußballspiel! Als ob es nichts Wichtigeres im Leben gäbe als Sport! Ich habe noch nie Sport getrieben und werde auch auf keinen Fall damit anfangen. Ich finde Sport ungesund!

4
Mir macht es Spaß, mich zu bewegen, und ich merke auch, dass es mir danach immer sehr gut geht. Meine Einstellung zum Sport hat sich in den letzten Jahren eigentlich sehr verändert. Früher war das für mich überhaupt kein Thema. Ich war auch nie so gut, dass ich mich in einem Verein wohl gefühlt hätte. Irgendwie störte mich wohl auch immer dieser Leistungsgedanke: Man musste gut sein. Ich hab den Eindruck, da hat sich heute durch die Fitnesswelle viel verändert. Ich habe vor ein paar Jahren angefangen, Tennis zu spielen, und das tut mir sehr gut. Wer weiß, vielleicht wäre ich ohne den Sport schon krank. Ich kenne viele, die den Sport bewusst einsetzen, um gesund zu bleiben und Stress abzubauen. Für die Berichterstattung über Sportereignisse interessiere ich mich nicht so sehr. Mir fehlt einfach die Zeit dazu. Aber ich kann mir vorstellen, dass sich das eines Tages ändert.

5
Sport, Sport ist absolut wichtig in meinem Leben. Seit mehr als 20 Jahren muss ich mindestens zweimal pro Woche etwas tun, und zwar am liebsten fahr ich Rad oder ich laufe. Wenn ich nicht zweimal pro Woche meinen Auslauf habe auf diese Weise, dann werde ich ungemütlich. Äh, ich verlange einfach danach. Ich weiß nicht genau, warum das so ist, ob es einfach physisch ist, im Zusammenhang mit dem Körper, oder ob ich einfach das Alleinsein brauche, das ich habe, wenn ich allein mit dem Fahrrad oder zu Fuß unterwegs bin. Am allerliebsten würde ich eigentlich sehr, sehr lange Bergwanderungen machen, d.h. Zwölfstünder oder vielleicht länger. Und in den letzten Jahren hat sich gezeigt, dass ich am liebsten ganz alleine unterwegs bin. Das mag auch wieder damit zusammenhängen, dass ich einfach vor allem diese Möglichkeit, allein zu sein, brauche. Aber ich muss vielleicht auch sagen, ich möchte nicht mehr Sport treiben als höchstens ein- oder zweimal pro Woche. Das wird einfach langweilig. Und ich hab auch im Sinn, bis ans Ende meines Lebens Sport zu treiben. Und wenn ich mir vorstelle, dass ich von jetzt bis an mein Lebensende zehnmal pro Woche trainieren sollte, dann wird mir übel. Das ist einfach zu viel. Das ist zu langweilig und eine Zeitverschwendung.

Test 2: Sie hören fünf Interviews zum Thema „Die Deutschen im Lottofieber". Zu jedem Interview gibt es eine Aussage. Markieren Sie bei jeder Aussage, ob sie richtig oder falsch ist. Sie hören die Texte nur einmal.

○ Am nächsten Samstag werden über 35 Millionen Mark für sechs Richtige plus Superzahl ausgespielt. Das ist der größte Jackpot, den es jemals in Deutschland gab. Und obwohl die Chance fast gleich null ist, oder genauer 1 zu 139 Millionen 838 Tausend 160, spielen an diesem Wochenende so viele Menschen wie noch nie Lotto und alle träumen davon, zu gewinnen. Wir haben Menschen auf der Straße befragt. Wir wollten wissen: Sind Sie im Lottofieber?

● Eigentlich spiele ich seit vielen Jahren nicht mehr Lotto, aber bei dem Jackpot muss man es einfach versuchen. Obwohl, wenn ich's mir recht überlege, dann ist es so unwahrscheinlich wie dass mich ein schöner, reicher Prinz küsst und auf sein Schloss entführt. Na ja, vielleicht ist der Prinz sogar wahrscheinlicher. Aber eigentlich glaube ich nicht an Märchen und wie ein Märchen wäre es schon, wenn ich gewinnen würde. Eigentlich ist es Unsinn, Lotto zu spielen, aber wer träumt nicht gerne. Wenn ich gewinne, dann lass ich's mir richtig gutgehen: Urlaub in der Karibik, ein neues Auto und ein Haus. Na ja. Mal seh'n.

△ Ich spiele schon immer Lotto, seit über 30 Jahren schon. Und immer die gleichen Zahlen. Aber gewonnen habe ich eigentlich noch nicht viel. Mal 3 Richtige, oder auch mal 4 Richtige, aber mehr hatte ich noch nie. Diesmal haben meine Frau und ich aber vier Kästchen mehr ausgefüllt. Die Zahlen haben wir über so eine Box mit 49 Löchern und sechs Kugeln ermittelt. Wenn ich gewinne, oje, eigentlich weiß ich gar nicht, was ich mit so viel Geld tun sollte, die Summe ist einfach zu groß. Wahrscheinlich tue ich dann was für meine Gesundheit, aber ich denk, ich würde das Geld wohl meinen Kindern geben.

▲ Ich habe früher manchmal gespielt, dann lange Zeit nicht und hab es letzte Woche wieder einmal versucht. Und wieder nichts gewonnen! Deshalb lasse ich es jetzt lieber ganz bleiben. Nach der Wahrscheinlichkeitsrechnung sind die Chancen sowieso ja fast gleich null. Aber manchmal denkt man halt trotzdem, vielleicht gewinne ich ja, und überlegt sich schon, was man mit dem vielen Geld machen würde. Mein Traum ist, in der Nähe der Berge zu leben. Aber statt Lotto zu spielen, sollte ich lieber nach Bayern oder nach Österreich gehen und mir da eine reiche Frau suchen. Und die Chance, eine reiche Frau in Bayern zu finden, ist sicherlich größer als die Chance, im Lotto zu gewinnen.

☐ Bei diesem Jackpot werde ich auch spielen, obwohl ich das sonst nie mache. Aber wenn man denkt, dass man für ein paar Mark Einsatz eine so große Summe gewinnen kann, dann sagt man sich schon: Ich versuch's einfach mal, wer weiß, vielleicht gewinne ich ja doch. Und sich zu sagen: Hätte ich gespielt, dann hätte ich vielleicht gewonnen, das ist ja auch nichts. Über einen möglichen Gewinn habe ich aber eigentlich noch gar nicht nachgedacht. Wahrscheinlich würde erst mal wohl alles so weitergehen wie bisher. Ich würde auch niemandem sagen, dass ich gewonnen hätte. Na ja, vielleicht würde ich sagen, dass ich ein paar Tausend gewonnen habe. Aber dass ich den Jackpot gewonnen habe, ich glaube, das würde ich besser ganz für mich behalten und niemandem sagen. Das erzeugt nur Neid. Dann denken die Leute: Wieso die, wieso ich nicht. Nein, es würde niemand bemerken, wenn ich gewinnen würde. Ich würde das Geld vermutlich in Aktien anlegen und dann regelmäßig Geld für Hilfsorganisationen geben. Aber nur so, dass man nicht weiß, woher das Geld kommt.

■ Klar ist es toll, plötzlich so viel Geld zu haben. Aber den Einsatz, den ich Woche für Woche nicht verspielt habe, den habe ich schließlich schon sicher gewonnen. Und wenn man mal zusammenrechnen würde, was manche Leute im Laufe ihres Lebens alles für Glücksspiele ausgeben, dann ist das eine gar nicht so kleine Summe. Dafür hätte man wohl schon ein Auto kaufen können. Jetzt im Moment studiere ich ja noch und habe sowieso nie Geld, aber wenn ich Geld zum Verspielen übrig hätte, ich glaube, dann würde ich lieber Aktien kaufen und wirklich etwas Geld riskieren. Vielleicht würde ich gewinnen, aber vielleicht wäre das Geld auch weg. Aber wenn ich gut informiert wäre, dann wäre die Chance zu gewinnen sicherlich größer als im Lotto.

Test 3. Sie hören fünf Texte zum Thema „Ost- und Westdeutschland". Zu jedem Text gibt es eine Aussage. Entscheiden Sie bei jeder Aussage, ob sie richtig oder falsch ist. Sie hören die Texte nur einmal.

1
Das war am Anfang schon ein tolles Gefühl. Wir konnten in den Westen, konnten Dinge kaufen, die wir immer nur im Fernsehen gesehen haben. Aber was dann kam, war echt hart. Unser Betrieb wurde abgewickelt. Ich hab meine Arbeit verloren und es war gar nicht so einfach, sich neu zu orientieren. Man hatte das Gefühl: Da ist nichts mehr, du musst bei Null wieder anfangen. Und die Westdeutschen kamen und meinten, sie wüssten alles besser. Und manchmal ist das noch heute so. Für die leben wir hier hinterm Mond. Auf die Überheblichkeit kann ich gut verzichten. Aber ich habe auch ein paar Westdeutsche kennen gelernt, die anders sind. Und ich denke, es ist schon eine gute Sache, diese Vereinigung, und das mit dem Verständnis zwischen Ossis und Wessis, das wird schon noch.

2
Das war toll, als die Menschenmassen am Brandenburger Tor gefeiert haben. Ich hab damals in Berlin gewohnt und als die Meldung kam, sind wir raus auf die Straße, um zu gucken. Das war so ein tolles Fest. Wir hatten das ja gar nicht für möglich gehalten. Und dann passierte es einfach. Ich find's schon eine gute Sache, obwohl der Aufbau des Ostens, wie es so schön heißt, doch recht teuer ist. Jeder musste dafür zahlen und es ist doch auch viel Geld verloren gegangen. Aber jetzt geht es ja schon viel besser.

3
Also ich hab diese Wiedervereinigung nur von außen mitbekommen. Ich bin Schweizer und für mich war das ein großes historisches Ereignis. Ich muss aber heute sagen, dass ich nicht recht verstehe, warum sich Ostdeutsche und Westdeutsche doch häufig auf die Nerven gehen. Und am ehesten kann ich das nachvollziehen, wenn ich Konflikte in der Schweiz damit vergleiche, z.B. zwischen Romands und Deutschschweizern. Aber eine Lösung dazu hab ich auch nicht.

4
Ja, das ist für mich ein bisschen ein schwieriges Thema. Ich selber bin in der damaligen DDR geboren, also bin von Geburt her eigentlich ein Ossi, aber hab den allergrößten Teil meines Lebens im Westen verbracht, bin also da doch dann eher biographisch ein Wessi, hab noch 'nen großen Teil meiner Verwandtschaft in den neuen Bundesländern, wie es so schön heute heißt, also im ehemaligen Ostdeutschland, und bin von daher mit der Problematik vertraut, sehe aber, wie schwierig diese sogenannte Wiedervereinigung sich gestaltet, sehe das innerhalb der eigenen Familie, bin von daher eigentlich froh, dass ich inzwischen weder in Ostdeutschland noch in Westdeutschland lebe und das ein bisschen aus der Außenperspektive sehe.

5
Also als Österreicherin bin ich davon natürlich nicht betroffen gewesen, aber ich hab's wahnsinnig bewegend gefunden, die Bilder der Wiedervereinigung, wie die Mauer abgebrochen worden ist, wie sich die Menschen in die Arme gefallen sind. Also, die Stimmung hat mich berührt und ich hab's ganz toll gefunden, weil ich's nie für möglich gehalten hab, dass das noch geht. Ich hab immer gedacht, das ist nur eine Redensart, eine Floskel, dass von der Vereinigung immer wieder gesprochen worden ist, und mich hat also die Tatsache, dass das geht, wirklich umgehauen. Jetzt sieht man natürlich, dass es über die Stimmung hinaus große Probleme gibt bei dem Ganzen, und mich erfüllt das irgendwie mit Bedauern, dass der Elan der ersten Stunden irgendwie so im Sande verlaufen ist und halt jetzt die trockenen Fakten zurückbleiben, dass große und gravierende Unterschiede bestehen, die nicht so mir nichts dir nichts von heute auf morgen zu überbrücken sind.

Detailverstehen (Teil 2)
Test 1. Sie hören einen Radiobeitrag zum Thema „Straßenmusik". Zu diesem Beitrag gibt es 10 Aussagen. Entscheiden Sie bei jeder Aussage ob sie richtig oder falsch ist. Sie hören den Beitrag zweimal.
○ Lohnt es sich, Straßenmusik zu machen?
● Ja klar, davon wird man reich! Man kann sich ein schickes Auto kaufen und ein eigenes Schloss. Nein, natürlich nicht, aber wenn man gut ist, kann man schon davon leben.
○ Wie ist das denn, wie groß war denn der größte Schein, den du je bekommen hast?
● Das war ein Hunderter. Das kommt zwar schon manchmal vor, ist aber wirklich selten. Ein Zehner oder ein Zwanziger ist schon öfter dabei. Aber die meisten geben Münzen. Scheine sind nicht so häufig.
○ Was sind das für Leute, die so viel Geld geben?
● Ich weiß es nicht. Oft kommt das ja nicht vor. Vielleicht haben sie gerade ein besonders gutes Geschäft gemacht. Auf jeden Fall sind's, glaube ich, immer glückliche Leute.
○ Wo sind die besten Plätze?
● Den idealen Platz gibt es nicht. Hier in München in der Fußgängerzone ist es gut. Die Leute bleiben stehen und nehmen sich Zeit zuzuhören. Man muss aufpassen, dass man nicht zu viel Publikum hat.
○ Warum?
● Wenn zu viele stehen bleiben, kommt keiner mehr vorbei und die Leute können ihre Einkäufe nicht mehr machen. Dann bekommt man Probleme mit den Geschäftsleuten und manchmal auch mit der Polizei. Es gab mal einen Musiker, der 130 Mark Strafe zahlen musste, bloß weil er zu viel Publikum hatte.
○ Sind es bestimmte Musikstücke, bei denen so viele stehen bleiben?
● Sicher ist es die Musik. Wir spielen ja vor allem Stücke, die allen bekannt sind. Die Leute hören das, was sie schon kennen und gern haben. Die Leute mögen unsere Musik. Und wenn erst einmal einige Leute stehen geblieben sind, kommen immer mehr dazu. Ich denke, es gibt so einen Punkt, wo nicht mehr die Musik der Grund ist, stehen zu bleiben und zu schauen, was es da gibt, sondern es ist die Menschenmenge, weshalb die Leute stehen bleiben. Sie wollen wissen, was es da so Besonderes gibt. Wenn sie es dann endlich herausgefunden haben, dann gehen sie auch wieder weiter.
○ Und die Geschäftsleute, wie reagieren die?
● Das ist unterschiedlich. Es gibt einige, die die Musik gern haben. Andere stört es, wenn so viel vor ihrem Laden los ist. Sie haben Angst, dass nicht genügend Kunden in ihren Laden kommen. Aber das ist kein großes Problem. Die Regeln für Straßenmusik sind hier in München ja ziemlich streng. Man darf nicht zu lange am gleichen Platz spielen.
○ Wäre es ohne Regeln besser?
● Nein, es ist gut, dass nur wenige pro Tag spielen dürfen, und es ist auch gut, dass man nicht jeden Tag spielen darf. So gewöhnen sich die Leute nicht an uns. Wenn etwas neu ist, sind sie selbst neugierig und hören auch noch zu. Wenn man jeden Tag am gleichen Platz spielen würde, würde man auch nicht mehr genug verdienen. Die Leute geben eher Geld, wenn etwas neu ist.
○ Warum macht ihr eigentlich Straßenmusik?
● Weil wir so keinen Raum zum Proben suchen müssen, üben wir halt hier auf der Straße. Nein, im Ernst, es ist schon eine ganz gute Übung. Und es ist auch ganz gut, von Zeit zu Zeit mal zu sehen, ob die Leute wegen der Musik, die man macht, stehen bleiben. Von dem berühmten Tenor Careras erzählt man, er hätte einmal in Wien in der Fußgängerzone gesungen. Die Leute seien stehen geblieben. Einer hätte gesagt. „Der singt so schön wie Careras und der sieht ihm auch noch so ähnlich!", aber die Leute konnten sich nicht vorstellen, dass so ein berühmter Mann auf der Straße singt. Sie haben ihn wirklich nicht erkannt. Bei einigen wenigen Rockmusikern wäre es sicherlich anders, die Rolling Stones würde man erkennen, aber viele andere nicht. Ich kann mir vorstellen, dass selbst ein Bob Dylan, wenn er eine untypische Mütze aufhätte, nicht erkannt werden würde, einfach weil niemand davon ausgeht, dass er ein Straßenkonzert gibt.
○ Ein Konzert auf der Straße?
● Ja, sicher. Die Akustik in den Straßen ist oft toll und wenn das Wetter noch gut ist und viele Leute zuhören, dann macht es wahnsinnig Spaß. Und viele Leute, die vorbeikommen, gehen sehr glücklich nach Hause.

Test 2. Sie hören ein Interview mit dem Jungunternehmer Thomas Hoffmann. Zu dem Interview gibt es 10 Aussagen. Entscheiden Sie bei jeder Aussage, ob sie richtig oder falsch ist. Sie hören das Interview zweimal.

○ Thomas Hoffmann ist fünfundzwanzig Jahre alt und Geschäftsmann. Mit siebzehn gründete er seine eigene Software-Firma und hatte Erfolg. Heute ist er Chef von acht festen und einigen freien Mitarbeitern. Für eine Berufsausbildung oder für ein Studium blieb keine Zeit. Herr Hoffmann, womit verdienen Sie Ihr Geld genau?
● Wir entwickeln Computerspiele, die wie Werbung von großen Firmen verschenkt werden.
○ Wie sind Sie auf die Idee gekommen?
● Ich bin mit dem Computer groß geworden und fand es spannend, was man alles mit so einem Kasten machen kann. Wir haben mit Freunden immer die neusten Computerspiele ausgetauscht, aber sobald man das Spiel wirklich kannte und wusste, wie es funktioniert, war es eigentlich schon wieder uninteressant. Es gab einfach nach kurzer Zeit nichts Neues mehr zu entdecken.
○ Dann wollten Sie also bessere Spiele entwickeln?
● Ja, es war ein richtiger Wettbewerb zwischen ein paar Freunden und mir. Wir haben die Spiele nur entwickelt. Gespielt haben andere.
○ Wie sind Sie auf die Idee gekommen, eine eigene Firma zu gründen?
● Meine Freunde haben sehr gerne mit meinen Spielen gespielt. Eines Tages hab ich dann beobachtet, dass jemand ein Spiel von mir einem anderen Schüler verkauft hat. Ich glaube, das war der Zeitpunkt, wo ich plötzlich begriffen hab: Damit könnte man Geld verdienen.
○ Woher haben Sie gewusst, wie man eine Firma gründet?
● Mein Vater ist selbstständiger Unternehmer. Er hat mich am Anfang beraten. Das war sehr wichtig.
○ Wie haben Sie es geschafft, Aufträge zu bekommen?
● Das war nicht einfach. Ich habe ein Modellspiel gemacht und es an verschiedene große Firmen geschickt. Ja, und dann kamen tatsächlich die ersten Aufträge.
○ Wie entsteht so ein Produkt?
● Also, wir bekommen von einer großen Firma den Auftrag, etwas zu machen. Ich bespreche dann normalerweise mit dem Kunden, welche Wünsche er an das Spiel hat und wie viel Geld das Projekt kosten darf. Dann sitzen wir im kleinen Team zusammen und sammeln unsere Ideen.
○ Geht das schnell?
● Manchmal ja, aber manchmal brauchen wir auch viel Zeit, bis wir ein Konzept fertig haben. Wenn das Konzept aber einmal steht, dann muss, wie beim Film, ein Drehbuch geschrieben werden. Das Drehbuch geht dann an die Graphiker und an die Programmierer. Dann testen wir das fertige Produkt und stellen es unseren Kunden vor.
○ Was mögen Sie an Ihrer Arbeit?
● Den Kontakt mit den unterschiedlichsten Menschen. Ich muss mit Managern von großen Firmen verhandeln und die Aufgaben mit meinen Mitarbeitern besprechen. Die Leute, die für mich arbeiten, sind eher unkonventionell, kreativ. Und dann wird es bei uns eigentlich nie langweilig. Wir müssen uns immer wieder neu auf unsere Kunden einstellen. Ja, und im Moment macht mir das Reisen auch noch Spaß.
○ Sie waren ja sehr jung, als Sie angefangen haben. War es nicht manchmal schwierig, ernst genommen zu werden?
● Damit habe ich nie Probleme gehabt. Ich hatte oft den Eindruck, dass es eher ein Vorteil war. Die Personen, mit denen ich verhandelt habe, waren eher beeindruckt.
○ Wofür hätten Sie gerne mehr Zeit gehabt?
● Ich hab ja gleich nach der Schule meine Firma gegründet und hatte keine Zeit, eine Berufsausbildung oder ein Studium zu machen. Eigentlich finde ich das schade. Ich wäre auch gerne ein Jahr ins Ausland gegangen. Aber das war nicht möglich.
○ Bleibt Ihnen noch Zeit für das Privatleben?
● Meine Freundschaften sind mir sehr wichtig. Wenn jemand aus meinem Freundeskreis mich braucht, dann bin ich da. Und wenn ich deshalb einen Auftrag verliere, ist das zwar ärgerlich, aber nicht so schlimm. Ich versuche, mir die Abende für mich selbst frei zu halten. Ja, aber eines ist vielleicht doch wichtig: Ich trenne Berufliches und Privates sehr klar.
○ Warum?
● Ich will keine unnötigen Probleme. Ich hab auch schlechte Erfahrungen damit gemacht. Es ist einfach besser, das zu trennen.
○ Vielen Dank für das Gespräch und viel Erfolg weiterhin. Morgen hören wir uns wieder mit einem Portrait einer jungen Musikerin.

Test 3. Sie hören einen Radiobeitrag zum Thema „Junge Erwachsene in Deutschland". Zu diesem Beitrag gibt es 10 Aussagen. Entscheiden Sie bei jeder Aussage, ob sie richtig oder falsch ist. Sie hören den Beitrag zweimal.

○ Sie waren etwa 15-jährig, als die Mauer fiel. Die Wiedervereinigung hat zum Teil ihr Leben entscheidend verändert. Wir wollten wissen, was aus den Jugendlichen von damals in Ost und West geworden ist, was sie denken und wovon sie träumen. Neben mir sitzt Sonja Siebert, 25 Jahre alt, geboren im Osten, in Potsdam. Sie ist verheiratet und hat eine 3-jährige Tochter. Sonja, was hat sich für Sie durch den Mauerfall geändert?
● Sehr viel. Früher hätte ich nie von einem eigenen Friseursalon geträumt, weil es gar nicht möglich gewesen wäre, das zu machen. Die Selbstständigkeit wurde in der DDR nicht gefördert. Friseur in einem Salon, das hätte mir gereicht.
○ Und jetzt träumen Sie von einem eigenen Salon?

Transkripte der Hörtexte: Übungen

● Es ist kein Traum mehr. Vor einem Monat habe ich meinen eigenen Salon eröffnet.
○ Ein großer Schritt für eine junge Frau.
● Ja, es war nicht ganz einfach, die Banken davon zu überzeugen, mir das nötige Geld für den Start zu leihen. Ich glaube, die Banken wollen die jungen Leute gar nicht unterstützen. Man spricht im Moment immer so viel von Existenzgründungen, die gefördert werden sollen. Aber wenn man es versucht, ist es schwer.
○ Haben Sie Angst, dass es mit dem eigenen Salon schief geht?
● Ja, manchmal hab ich schon Angst, dass ich nicht alles auf die Reihe kriege. Aber es ist ein Traum. Ich wollte schon als kleines Mädchen Friseur werden. Da geht man schon mal ein Risiko ein.
○ Warum gerade Friseurin?
● Meine Tante war auch Friseur. In der DDR war das ein guter Beruf. Man war angesehen. Und man hat Kontakt zu Menschen.
○ Wann haben Sie die Ausbildung begonnen?
● Im Frühling 1989. Da war alles ganz anders als heute. Damals kostete ein Haarschnitt für Herren noch 1 Mark 35, eine Lockenwelle für Damen 6 Mark 35. Es gab nicht viele verschiedene Haarschnitte. Zweimal im Jahr durften Auserwählte nach Berlin fahren und sich dort die neusten Frisuren ansehen. Zwei Frisuren wurden dann ausgewählt und veröffentlicht und so hatte man zu schneiden. Die Frauen haben trotzdem bei uns Schlange gestanden.
○ Und nach der Wende?
● Es war über Nacht alles anders. Ich musste ein Jahr länger lernen, der Salon wurde gestrichen, wir bekamen alles, was man in einem Friseursalon braucht. Auch die Kunden haben sich schnell geändert.
○ Und heute?
● Ich will kein Starfriseur werden. Die Preise sind bei mir normal. Eine Lockenwelle kostet etwa 70 Mark, ein Haarschnitt um die 50 Mark. Ich möchte, dass auch ältere Leute kommen, Mütter mit ihren Kindern. Es ist nicht so wichtig, immer dem neusten Trend zu folgen oder sich nur auf junge Kunden hin zu orientieren. Ich muss auch sehen, dass ich genügend Kunden habe. Im Moment sieht es aber ganz gut aus. Ich hab ja vorher in einem Salon als Angestellte gearbeitet. Meine Stammkunden sind nach der Eröffnung zu mir gekommen. Das hat mich sehr gefreut. Mal sehn, wie's weitergeht.
○ Wie war das damals für Sie persönlich, als die Mauer fiel?
● Das war ganz toll. Wir sind am nächsten Tag gleich nach Westberlin gefahren und in die Kaufhäuser. Das war wie im Fernsehen, so eine bunte Auswahl, man konnte alles kaufen, wenn man Geld hatte, sogar ein Auto, eine bessere Wohnung. Damit hat sich aber auch im Kopf viel geändert. Plötzlich hatte man so viele Wünsche. Vorher wusste man, dass man bestimmte Dinge nicht haben kann, und damit war's auch gut. Heute ist das anders.
○ Welche Wünsche haben Sie sich damals erfüllt?
● Mein Freund und ich sind nach Venedig gefahren, weil's dort so romantisch ist, mit dem Wasser und den Gondeln. Aber als wir dann da waren, waren wir nur enttäuscht. Alles war so teuer und die Unterkunft sehr schlecht. Wir sind dann zurückgefahren und am Gardasee geblieben. Das war für uns wie im Paradies: die Berge und der See.
○ Was erwarten Sie heute von Ihrer Zukunft?
● Ich hoffe, dass mein Salon existieren kann, genügend Kunden kommen und ich auch davon leben kann.
○ Das wünschen wir Ihnen auch.

Selektives Verstehen (Teil 3)

Test 1. Sie hören fünf kurze Texte. Zu jedem Text gibt es eine Aussage. Entscheiden sie bei jeder Aussage, ob sie richtig oder falsch ist. Sie hören die Texte zweimal.

1
SWF1 Verkehrsservice: Achtung Autofahrer. Auf der A5 Karlsruhe – Basel kommt Ihnen zwischen Efringen-Kirchen und Weil am Rhein ein Fahrzeug entgegen. Fahren Sie ganz äußerst rechts, überholen Sie nicht, wir melden, wenn die Gefahr vorüber ist. Ein Falschfahrer auf der A5 Karlsruhe – Richtung Basel, zwischen Efringen-Kirchen und Weil am Rhein. Bitte fahren Sie äußerst rechts und überholen Sie nicht.

2
Der Wetterbericht für Baden-Württemberg, Rheinland-Pfalz, das Saarland und die Kölner Bucht. Die Lage: sehr warme Luft bestimmt unser Wetter. Die Vorhersage bis morgen Abend: Von einigen Wolkenfeldern abgesehen scheint heute und morgen die Sonne. Heute bleibt es trocken. Morgen Abend gibt es ganz vereinzelte Wärmegewitter. Die Luft erwärmt sich in den Tälern auf 32 bis 36, morgen örtlich bis 37 Grad. In den höheren Lagen werden 27 bis 31 Grad erreicht. In der klaren Nacht: Temperaturrückgang auf 21 bis 25 Grad. Es weht ein schwacher Wind aus Ost bis Südost. Und die weiteren Aussichten bis Dienstagabend: Sonnig und heiß, nachmittags einzelne Gewitter bei 27 bis 36 Grad. Es ist 15 Uhr fünf.

3
SWF1 „Sonntags um eins". Thema heute: Sauber, sinnlich, sonderbar: Die vielen Gesichter der Farbe Weiß. Das weißeste Weiß der Welt kennen wir wahrscheinlich alle und doch hat es wahrscheinlich noch niemand von uns gesehen, denn dieses Weiß gab's nur in der Waschmittelwerbung. ...

4
Aber jetzt die Ohren auf und Bleistifte gespitzt. Notizen machen. Hier kommt das erste Rätsel. Und wenn Sie glauben, den Täter überführt zu haben, dann rufen Sie an: 07221/2025, 07221/20 25. Ihre Lösungsnummer für unser Krimirätsel.

Transkripte der Hörtexte: Übungen

5
15 Uhr 31, SWF1 Verkehrsservice. Die Gefahr durch ein entgegenkommendes Fahrzeug: Karlsruhe – Basel zwischen Efringen-Kirchen und Weil am Rhein besteht nicht mehr.

Test 2. Sie hören fünf kurze Texte. Zu jedem Text gibt es eine Aussage. Entscheiden Sie bei jeder Aussage, ob sie richtig oder falsch ist. Sie hören die Texte zweimal.

1
Guten Tag. Sie sind mit der Firma Leitner verbunden. Unser Büro ist zur Zeit geschlossen. Sie erreichen uns Montag, Mittwoch und Freitag von neun bis zwölf und Dienstag und Donnerstag von dreizehn Uhr dreißig bis siebzehn Uhr. Vielen Dank für Ihren Anruf.

2
○ Danke für die Einladung, ich komme gern! Wo wohnst du eigentlich?
● In der Wörthstraße. Weißt du, wo das ist?
○ Nein, nicht genau. Ist das in der Nähe von der Oststraße?
● Ja, du fährst mit dem Bus bis zum Museum und gehst dann noch ein Stück weiter. Nach der Bushaltestelle ist es die dritte Straße rechts.

3
○ Guten Tag. Sie sind mit dem automatischen Telefonverteilsystem von Möbel Wagner verbunden. Wollen Sie Informationen zu unseren aktuellen Sonderaktionen, dann wählen Sie die Eins. Wollen Sie Möbel bestellen, dann wählen Sie die Zwei. Wollen Sie etwas reklamieren, dann wählen Sie die Drei. Haben Sie Fragen zum Serviceangebot, dann wählen Sie die Vier. Haben Sie Fragen zum Lieferservice, dann wählen Sie die Eins. Wollen Sie die Öffnungszeiten wissen, dann wählen Sie die Zwei. Möchten Sie einen Katalog zugeschickt bekommen, dann wählen Sie die Drei.
● Möbel Wagner, Serviceabteilung, Sie wünschen?
○ Ich hätte gerne einen Katalog.
● Ja gern, geben Sie mir bitte Ihre Adresse.

4
○ Weber.
● Guten Tag. Ich rufe wegen der Wohnung an, die Sie inseriert haben. Ist die noch frei?
○ Ja, im Moment noch.
● Was kostet die Wohnung?
○ 925 kalt. Und dann kommen noch etwa 120 Mark Nebenkosten dazu.
● Wo ist die Wohnung?
○ Im Tannenweg 4.
● Das interessiert mich. Kann ich sie mir ansehen?

5
Hier ist Thomas Klinger als Anrufbeantworter. Leider bin ich im Moment nicht im Büro. In dringenden Fällen können Sie mich unter meiner Handy-Nummer 0714 526 99 28 erreichen. Nochmal zum Mitschreiben: 0-7-1-4-5-2-6-9-9-2-8

Sie hören die Texte noch einmal.

Test 3. Sie hören fünf kurze Texte. Zu jedem Text gibt es eine Aussage. Entscheiden Sie bei jeder Aussage, ob sie richtig oder falsch ist. Sie hören die Texte zweimal.

1
Der ICE von Berlin nach Frankfurt, planmäßige Ankunft 15 Uhr 31, hat wegen eines Problems im Stellwerk Hannover voraussichtlich etwa 2 Stunden Verspätung. Reisende nach Frankfurt werden gebeten, auf den Entlastungszug auszuweichen.

2
Und hier der Wetterbericht für Niedersachsen und Schleswig-Holstein. Die Wetterlage: Ein Hoch sorgt in den nächsten Tagen für sehr kaltes, aber sonniges Wetter. Heute bleibt es trocken. Die Luft kühlt auf Werte bis minus 12 Grad ab. Es weht ein schwacher Wind aus westlichen Richtungen. Die weiteren Aussichten: Es wird wieder wärmer. Am Wochenende ist mit Werten um minus 2 Grad und einsetzendem Schneefall zu rechnen.

3
Guten Tag, meine Damen und Herren. Wir bringen Ihnen das Kinoprogramm für Freitag, den 20. September.
Alpha 1: Dr. Dolittle, 17 Uhr 10, 19 Uhr 30 und 22 Uhr.
Alpha 2: Godzilla, 18 Uhr, 20 Uhr 30.
Casino: Lola rennt, 16 Uhr 20, 20 Uhr 45.
Filmpalast: Bin ich schön?, 16 Uhr 30, 20 Uhr 30.
City: Stadt der Engel, 14 Uhr 30, 18 Uhr, 20 Uhr 30.

4
Guten Abend, verehrte Damen und Herren. Der Flug Lufthansa 530 nach New York ist nun zum Einsteigen bereit. Wir bitten Sie, Ihre Bordkarten bereit zu halten und das Rauchen einzustellen. Fluggäste für die Reihen 15 bis 25 werden gebeten, zum Ausgang 32 zu kommen. Passagiere mit den Sitzplätzen in den Reihen 1 bis 14 werden gebeten, sich noch einen Moment zu gedulden.

5
Hier ist der automatische Anrufbeantworter der Firma Elektro Fischer. Unser Büro ist im Moment leider nicht besetzt. Sie erreichen uns von Montag bis Freitag von acht bis zehn Uhr und von sechzehn bis siebzehn Uhr. In dringenden Fällen wenden Sie sich bitte an den Elektro-Notdienst unter der Nummer 426 52 42. Elektro-Notdienst 426 52 42. Danke schön.

Transkripte der Hörtexte: Probetest

Probetest

Globalverstehen (Teil 1)

Sie hören fünf kurze Texte. Zu jedem Text gibt es eine Aussage. Entscheiden Sie bei jeder Aussage, ob sie richtig oder falsch ist. Sie hören die Texte nur einmal. Lesen Sie zuerst die Aussagen. Sie haben dazu 30 Sekunden Zeit.

1
Also, Krimis lesen tu ich nie, weil ich nicht genug Geduld dafür hab, also die Krimis können noch so toll sein, noch so bekannt und berühmt sein, ich rühr sie nicht an, weil ich hab keine Geduld dazu. Für mich ist die Spannung im Krimi viel zu spannend. Ich schau mir allerdings im Fernsehen manchmal einen Krimi an, hauptsächlich dann, wenn's eine Kommissarin ist, die irgendeinen Fall zu lösen hat. Als Identifikationsfigur sind Männer für mich einfach ungeeignet, von Hunden ganz zu schweigen. Ja, also eine Frau mit Kaliber schau ich mir gern an, aber sonst eigentlich eher weniger.

2
Also ich bin kein großer Krimi-Kenner. Was ich an Krimis am meisten schätze, ist die Psychologie, und da möchte ich eigentlich als Leser eine Chance haben, den Täter zu finden, mit meinem psychologischen Gespür. Ich muss aber sagen, dass ich eigentlich nur auf Englisch Krimis lese. Ich habe keine deutschen Autoren gefunden, die mir Spaß gemacht hätten.

3
Ein guter Krimi muss natürlich spannend sein und die Geschichte muss für mich ganz logisch aufgebaut sein. Ich muss das Gefühl haben, dass ich Schritt für Schritt der Geschichte folgen kann. Überraschungen mag ich nicht. Mich stört es zum Beispiel, wenn ziemlich spät noch Figuren in der Geschichte auftauchen, von denen man vorher noch nichts wusste. So etwas ärgert mich. Ich muss das Gefühl haben, dass ich eine Chance habe, den Täter selber zu finden.

4
Ein guter Krimi für mich muss mindestens 150 Seiten haben. Kurzgeschichten mag ich nicht, da komme ich nicht rein. Ich glaube, das hängt damit zusammen, dass es mir bei Krimis gar nicht so sehr um einfach die Lösung des Rätsels geht, wenn es überhaupt eines gibt, das ist ja nicht immer so, sondern dass es mir vielmehr um Atmosphäre geht. Ähm – ich lese sehr viele Krimis und ich komme immer wieder zu den gleichen Autoren zurück. Zum Beispiel habe ich sehr sehr viele Krimis von ky gelesen, einem deutschen Autor, der selber, glaube ich, Berlinfan ist. Nicht alle Krimis spielen in Berlin, aber ich glaube, das ist seine große Liebe, die Stadt Berlin. Und für mich ist das immer so, dass wenn ich einen ky lese, als ob ich eine Reise nach Berlin machen würde. Und ky schafft es eben auch, dieses Gefühl zu vermitteln. Ich glaube, solche Krimis, die ein Gefühl vermitteln können von Atmosphäre, die sind gut für mich. Ich lese übrigens auch sehr viele englischsprachige Krimis, vor allem aus Amerika, aber warum ich die lese, das weiß ich nicht so recht. Zum Teil sind sie – ja, wenn ich sie als Literaturkritiker beurteilen müsste, sind sie, glaube ich, recht schlecht: banal angelegt, rein auf äh – ein breites Publikum hin geschrieben vielleicht auch. Es ist eigentlich schwer zu sagen. Ich bin mir nicht ganz sicher, was ich wirklich an diesen Krimis mag und was mich immer wieder dazu bringt, einen weiteren von dem und dem Autor zu lesen. Außer bei ky, da weiß ich, warum ich das mache.

5
Ein guter Krimi muss für mich von der ersten bis zur letzten Seite spannend sein. Ich muss das Buch aufschlagen und schon auf der ersten Seite muss mich der Text in die Geschichte hineinziehen. Die Spannung muss immer größer werden, sodass ich das Buch gar nicht mehr weglegen will. Für mich muss ein Krimi einen Höhepunkt haben, wo die Geschichte dann aufgelöst wird und man weiß, wer der Täter ist. Aber mir gefällt es auch, wenn die ganze Geschichte vielleicht umgedreht wird, wo eine überraschende Handlung geschieht. Und am Ende sollte dann alles schön aufgeklärt sein und am besten auch die Guten gewonnen haben. Allerdings lese ich eigentlich nicht so viel Krimis, weil ich hab eine wahnsinnig blühende Phantasie und ich stelle mir dann alles ganz grausam vor und ich krieg dann immer selber ein bisschen Angst. Ich lese lieber Liebesromane.

Detailverstehen (Teil 2)

Sie hören ein Interview mit Frau Bartels. Zu dem Interview gibt es 10 Aussagen. Entscheiden Sie bei jeder Aussage, ob sie richtig oder falsch ist. Sie hören das Interview zweimal. Lesen Sie jetzt die Aussagen. Sie haben dazu 1 Minute Zeit.

○ Die Wohnungssuche wird heute immer schwieriger. Die Mieten sind hoch, zu hoch für viele Familien mit Kindern. Zwar gibt es sie, die billigen Wohnungen, aber man braucht viel Glück und viel Zeit, eine solche Wohnung zu bekommen. Wir wollten mehr darüber wissen und sprachen deshalb mit Frau Bartels. Frau Bartels arbeitet im Wohnungsamt.
● Frau Bartels, wie lange arbeiten Sie schon auf dem Wohnungsamt?
○ Schon mehr als zehn Jahre. Seit vier Jahren habe ich den gleichen Aufgabenbereich: Ich vermittle freie Wohnungen.
● Gibt es genug freie Wohnungen?
○ Leider nicht. Es wird nur wenig neu gebaut. Und wer in einer billigen Wohnung ist, zieht nicht so schnell wieder aus. Wohnungen werden heute vor allem frei, weil die Leute alt sind, zu ihren Kindern oder ins Altenheim ziehen oder auch sterben. Aber diese Wohnungen sind schwer zu vermitteln.
● Warum sind sie schwer zu vermitteln?

○ Oft sind sie zu klein. Die Häuser selbst sind nicht gerade schön. Und die Wohngegend ist oft nicht sehr beliebt. Die Wohnungen müssen erst einmal sehr gründlich renoviert werden. Dadurch werden die Wohnungen aber auch teurer. Manchmal bleiben diese Wohnungen einige Monate leer, obwohl viele Menschen eine Wohnung suchen.
● Wer kommt zu Ihnen aufs Wohnungsamt?
○ Es sind Menschen, die nicht viel verdienen: Familien mit drei und mehr Kindern, allein stehende Frauen mit Kind. Aber nicht jede oder jeder hat das Recht auf eine Sozialwohnung.
● Welche Voraussetzungen muss man dafür erfüllen?
○ Man darf nicht zu viel verdienen. Und pro Person ist die Quadratmeterzahl begrenzt.
● Wie ist das zu verstehen, dass die Quadratmeterzahl begrenzt ist?
○ Die Wohnung für einen Alleinstehenden zum Beispiel darf nicht größer als 45 Quadratmeter sein.
● Das ist ja nicht gerade viel!
○ Nein. Die meisten Alleinstehenden suchen Wohnungen mit 2 Zimmern; und die sind schnell einmal größer. Auch bei Familien möchte man, dass jedes Kind sein eigenes Zimmer hat.
● Wie lange muss man etwa auf eine Wohnung warten?
○ Das ist unterschiedlich. Es gibt Leute, die schon lange warten: 3 Jahre und mehr. Und es gibt auch Menschen, bei denen eine schnelle Lösung gefunden werden muss, weil sie in einer Notlage sind. Manchmal ist es schwer, wenn man den Menschen keine Hoffnung machen kann … .
● Haben Sie herzlichen Dank für das Gespräch.

Selektives Verstehen (Teil 3)

Sie hören fünf kurze Texte. Zu jedem Text gibt es eine Aussage. Entscheiden Sie bei jeder Aussage, ob sie richtig oder falsch ist. Sie hören die Texte zweimal. Lesen Sie jetzt die Aussagen. Sie haben dazu 30 Sekunden Zeit.

1
Meine Damen und Herren, das Zugteam begrüßt Sie im Intercity nach Augsburg, Ulm, Stuttgart, Heidelberg und wünscht Ihnen eine angenehme Reise. Nächster Halt: Augsburg.

2
Und hier der Wetterbericht für Baden-Württemberg, Rheinland-Pfalz und die Kölner Bucht. Die Wetterlage: Ein Tiefdruckgebiet bestimmt das Wetter in ganz Deutschland. Die Vorhersage für heute: Vormittags trocken, nachmittags einsetzender Regen. Höchsttemperaturen am Tag 9 Grad. Nachts sinkende Temperaturen bis plus ein Grad. Die weiteren Aussichten: Es bleibt wechselhaft und regnerisch. Erst am Wochenende kommt wieder die Sonne heraus.

3
Praxis Dr. Scheffler, guten Tag. Unsere Praxis bleibt vom 25. Juli bis 15. August wegen Urlaub geschlossen. In dringenden Fällen wenden Sie sich bitte an unsere Vertretung, Herrn Dr. Eggert, Karlsstraße 5. Sie erreichen seine Praxis unter Nummer 3 62 22 49. Vielen Dank.

4
Na? Wissen Sie die richtige Antwort? Können Sie das Rätsel lösen? Dann rufen Sie uns an und gewinnen Sie eine Reise nach Wien. Und hier unsere Nummer: 0-7-2-2-1 20-21, ich wiederhole: 0-7-2-2-1 20-21. – Ah, da ist schon der erste Hörer.

5
Meine verehrten Damen und Herren, der eingefahrene Zug endet hier. Der Anschlusszug ICE 849 zur Weiterfahrt nach Berlin steht abfahrbereit auf Gleis 5. Weiterhin haben Sie Anschluss um 14 Uhr vier an den Interregio nach Frankfurt, Karlsruhe, Konstanz auf Gleis 8, an den ICE 848 nach Bielefeld, Köln, Bonn um 14 Uhr fünf auf Gleis 6, an den ICE 858 nach Dortmund, Duisburg, Düsseldorf um 14 Uhr fünf auf Gleis 7.

Adressenliste der prüfungsabnehmenden Institutionen

Deutscher Volkshochschulverband, DVV Geschäftsstelle, Obere Wilhelmstraße 32, D-53225 Bonn;
Tel: 0049/228/97569-20; Fax: 0049/228/97569-30; E-Mail: buero@dw-vhs.de; Internet: http://www.dvv-vhs.de

Goethe-Institut, Zentralverwaltung, Helene-Weber-Allee 1, D-80637 München;
Tel: 0049/89/15921-0; Fax: 0049/89/15921-450; E-Mail: zentralverwaltung@goethe.de;
Internet: http://www.goethe.de

Österreichisches Sprachdiplom, Prüfungszentrale ÖSD, Porzellangasse 2/28, A-1090 Wien;
Tel.: 0043/1/319 33 95; Fax: 0043/1/319 33 96; E-Mail: osd@vip.at;
Internet: http://web.vip.at/oesd

Informationen und Modelltests erhalten Sie außerdem direkt von der WBT:
Weiterbildungs-Testsysteme GmbH, Hansaallee 150, D-60320 Frankfurt am Main;
Fax: 0049/69/95 62 46 62; E-Mail: WBTests@aol.com;
Internet: http://www.rz.uni-frankfurt.de/die/pz

Quellenverzeichnis für Texte und Abbildungen

Seite
12	Texte 3–4: BRIGITTE, 15/99 und 20/97, Picture Press, Hamburg
13	Texte und Abbildungen: Annabelle 17/98, S. 19
14	Text und Foto: Freiburger Nachrichten, 27. 8. 98, S. 9; Foto: Charles Ellena
15	Text: Stephanie Pruschansky, BRIGITTE Magazin Schweiz 14/97, S. 1, Illustration: Anna Luchs
16	Text und Foto, Die Welt, 23. 4. 98, Foto: Michael Nordmann
32	E-Mail-Seite: SWR 1
33	Plakat „Märchen am Feuer": Karin Tscholl
36	Statistik: Globus Kartendienst; Foto: IFA/Bilderteam, Bloch/Jung
37	Statistik: Globus Kartendienst; Foto: Wolfgang Steckert
38–40	Fotos: Sabine Wenkums, München
41	Statistik: P. M., edition „Das moderne Magazin zum Zeitgeschehen" 12/95, Picture Press, Hamburg
58	Text 3: via 1/99, S. 26
	Text 4: BRIGITTE 10/99, Picture Press, Hamburg; Foto: Naftali Hilger
	Text 5: via 1/99, S. 26
59	züritipp, 28. 5. – 3. 6. 99, S. 57.
64/65	Statistiken: Globus Kartendienst

Langenscheidt
... weil Sprachen verbinden

Lernziel:
Zertifikat Deutsch

Moment mal! Das moderne Grundstufenlehrwerk führt Erwachsene und Jugendliche ab 16 Jahren schnell und sicher zum neuen „Zertifikat Deutsch".

- **abwechslungsreich**
  Authentische Reportagen von Autoren aus Deutschland, Österreich und der Schweiz vermitteln den Lernstoff in kurzen, lebendigen Einheiten.

- **effizient**
  Ausspracheübungen von Anfang an und systematische Wortschatzarbeit sichern den Lernerfolg.

- **transparent**
  Lernzielangaben, Tipps und Testmöglichkeiten machen Lernerfolge sichtbar und unterstützen die selbständige Spracharbeit.

- **lernerfreundlich**
  Vielfältige Übungen sorgen für Motivation und Abwechslung im Unterricht.

Moment mal! liegt als 3- bzw. 2-bändige Ausgabe mit Lehr- und Arbeitsbüchern vollständig vor. Dazu gibt es Lehrerhandbücher, Tests, Kassetten oder CDs, Folien, Glossare und einen Einstufungstest.
Ganz neu: die CD-ROM zu Moment mal!

Auf unserer Homepage **www.moment-mal.com** finden Sie weitere Informationen, Ideen und Online-Projekte.